살아 숨 쉬는 지구를 위한
생태 환경 이야기

교과서가 쉬워지는 교과서 6
생태 환경 이야기

초판 1쇄 발행 2012년 5월 31일
초판 7쇄 발행 2024년 5월 10일

글쓴이 한영식 | 그린이 이규옥 | 펴낸이 김민지 | 펴낸곳 미래M&B
등록 1993년 1월 8일(제10-772호) | 주소 서울시 마포구 동교로 134(서교동 464-41) 미진빌딩 2층
전화 (02)562-1800(대표) | 팩스 (02)562-1885(대표)
전자우편 mirae@miraemnb.com | 홈페이지 www.miraei.com
블로그 blog.naver.com/miraeibooks | 인스타그램 @mirae_ibooks

ISBN 978-89-8394-706-2 (74490) | ISBN 978-89-8394-656-0(세트)

＊ 잘못 만들어진 책은 구입처에서 바꾸어 드립니다.
＊ 이 책은 저작권법에 따라 한국 내에서 보호받는 저작물이므로 무단 전재와 복제를 금합니다.

아이의 미래를 여는 힘, **미래i아이**는 미래M&B가 만든 유아·아동 도서 브랜드입니다.

교과서가 쉬워지는 교과서 ❻

살아 숨 쉬는 지구를 위한
생태 환경 이야기

한영식 글 | 이규옥 그림

미래 i 아이

작가의 말

쉿! 잠깐만 하던 걸 멈추고 자연의 소리에 귀 기울여 보세요. 졸졸졸 물 흐르는 소리, 쏴 바람 소리, 부스럭 동물의 발소리, 풀벌레 울음소리……. 주변은 이렇게 아름다운 생명의 소리로 가득합니다.

지구에 살고 있는 모든 생물들은 햇빛, 물, 공기, 토양 등 자연환경에 영향을 받으며 나름대로 적응해서 살고 있습니다. 그래서 환경에 문제가 생기면 곧바로 피해를 입게 되지요.

그런데도 사람들은 환경 문제를 가볍게 여기는 경향이 있습니다. 인간에게 직접적인 피해가 없다면 환경오염도 그다지 심각하게 생각하지 않습니다. 그러나 이것은 매우 위험한 생각이었습니다. 환경오염은 동물과 식물의 삶을 위태롭게 만들었을 뿐 아니라 우리 인간도 위험에 빠뜨렸습니다. 결국 인간도 지구 생태계에 살고 있는 하나의 생물일 뿐이었던 것이지요. 하나의 블록이 쓰러지면 옆의 블록이 차례대로 쓰러지는 도미노게임처럼 한 생물의 멸종은 다른 생물에게 바로 영향을 미칩니다.

　이 책에는 우리나라에 살고 있는 소중한 생명들의 소리가 담겨 있습니다. 지구온난화, 기후변화, 환경오염 등으로 위기를 맞은 생물을 비롯하여 개체 수가 갑자기 불어나서 골칫덩이가 된 생물, 그리고 환경을 지키도록 돕는 고마운 환경 지킴이 생물도 만날 수 있습니다. 지구 생태계의 다양한 생물들이 환경 변화에 어떤 영향을 받고 있으며 그것이 인간에게는 어떤 문제를 일으키는지 보여 줍니다.

　자연에서 일어나는 문제는 부메랑이 되어 다시 우리에게 되돌아온다는 사실을 우리는 잊지 말아야 합니다. 이제는 지구 생태계가 평형을 이룰 수 있도록 적극적으로 나서야 할 때입니다. 지혜를 발휘해서 환경문제를 슬기롭게 풀어나가야 하는 것이지요. 자연의 소리를 언제 어디서나 들을 수 있도록 말입니다. 더 늦기 전에 재잘대는 자연의 이야기를 들어 볼까요?

차례

1부 환경 변화와 생물

1. 고양이 특공대 … 10
2. 환경 지표종, 양서류 … 22
3. 간척 사업으로 떼죽음을 당한 해양 생물 … 30
4. 생태계를 혼란에 빠뜨린 외래종 … 40
5. 돌발 해충의 출현 … 52
6. 골칫덩이가 된 평화의 상징, 비둘기 … 64
7. 야생동물을 위협하는 밀렵 … 74
8. 꿀벌 실종 사건 … 84

2부 환경을 지켜 주는 생물

1. 물을 정화시키는 수생식물 ··· 94

2. 토양 생태계를 지키는 공벌레 ··· 104

3. 봄의 불청객, 황사 ··· 110

4. 우주에서도 살아남은 바퀴 ··· 120

5. 곤충으로 만든 다양한 음식 ··· 130

1부
환경 변화와 생물

01 고양이 특공대

1955년, 보르네오 섬의 하늘에서 난데없는 낙하산이 막 쏟아져 내렸어. 더구나 낙하산에는 사람이 아닌 고양이가 매달려 있었지. 알고 보니 이 고양이 낙하산 부대는 세계보건기구에서 보낸 '고양이 특공대'였어.

당시 보르네오 섬에는 갑자기 늘어난 쥐 때문에 흑사병, 발진티푸스 같은 전염병으로 골머리를 앓았어. 그래서 이 고양이 특공대를 보내 전염병을 일으키는 쥐들을 잡으려고 했던 것이지.

그렇다면 이 섬에 왜 갑자기 쥐가 늘어난 걸까? 그건 바로 살충제 때문이었어. 1950년대 세계보건기구에서는 말라리아를 옮기는 모기를 퇴치하기 위해 독성이 아주 강한 살충제인 디디티(DDT)를 쓰라고 홍보했어. 특히나

모기가 많았던 보르네오 섬에서는 아주 많은 양의 디디티가 뿌려졌지. 덕분에 모기는 죽었지만 이 살충제에 많은 곤충들이 오염되었어.

문제는 바로 이때부터 시작되었어. 살충제에 오염된 곤충들을 도마뱀 등이 잡아먹었고, 이들 역시 살충제의 영향으로 움직임이 느려졌어. 움직임이 둔한 도마뱀은 곧 고양이의 손쉬운 사냥감이 되었고, 도마뱀을 먹은 고양이 역시 대부분 살충제 중독으로 죽고 말았지. 그러자 천적이 없어진 쥐들의 수가 급격하게 늘어났던 거야.

다행히 고양이 특공대의 맹활약으로 마을은 전염병의 위험에서 벗어났다고 해.

사라진 쥐 사냥꾼 여우

여우는 예부터 사람이 살고 있는 마을 주변과 산기슭에 많이 살았던 동물이야. 지금은 동물원에나 가야 볼 수 있지만, 몇십 년 전만 해도 주변에서 흔히 볼 수 있는 친근한 동물이었어. 옛이야기에 자주 등장하는 것만 봐도 이런 사실을 알 수 있지.

여우는 냄새도 잘 맡지만, 30미터 이상 떨어진 곳에서 생쥐가 내는 바스락거리는 소리도 들을 수 있을 정도로 귀가 매우 밝아. 그렇다 보니 여우는 뛰어난 쥐 사냥꾼이 될 수 있었지. 쥐가 많이 사는 마을 주변은 여우의 주 활동 무대였어. 대륙밭쥐, 등줄쥐 같은 들쥐들은 물론이고 멧토끼, 고슴도치도 잡아먹었단다. 그런데 쥐를 사냥하는 습성 때문에 여우에게 뜻하지 않은 불행이 닥쳤어.

1960~1970년대 우리나라는 대대적으로 쥐잡기 운동*을 펼쳤어.

쥐잡기 운동

우리나라는 1960~1970년대에 전국적으로 '쥐잡기 운동'을 실시했다. 쥐가 소중한 곡식을 갉아먹고 전염병까지 유행시켰기 때문이다. 쥐잡기 운동은 남녀노소 할 것 없이 모두가 참여했는데, 이때 가장 많이 사용한 방법이 맹독성 쥐약을 놓아서 쥐를 잡는 것이었다. 이 방법은 처음에는 대성공을 거두는 것처럼 보였다. 그러나 쥐를 모두 잡는 데는 실패했다. 적응력 강하고 숫자가 많은 쥐를 모두 잡는다는 게 불가능했기 때문이다.

맛있는 먹이가 잔뜩 있네!

그거랑 여우랑 무슨 상관이 있기에 여우가 불행해졌냐고? 물론 그냥 쥐를 잡았다면 별 문제가 없었겠지. 하지만 쥐를 잡는 방법이 문제였어.

사람들은 쥐를 없애려면 한꺼번에 싹쓸이해야 한다고 생각했어. 그래서 여기저기에 독한 쥐약을 놓았지. 실제로도 이 방법은 효과가 있었어.

하지만 얼마 안 가서 이 방법은 무리가 있었다는 게 드러났어. 엉뚱하게도 여우가 죽어 나갔거든. 그건 여우의 주된 먹이가 쥐였기 때문이야. 쥐약을 먹은 쥐는 당연히 바로 죽었지만, 어떤 쥐는 죽지 않고 살아 있기도 했어. 왜냐하면 쥐약이 독하

다고는 해도 조금 먹었다면 죽지는 않거든. 게다가 쥐는 생존 능력도 뛰어나. 그러다 보니 적은 양의 쥐약을 먹은 쥐는 죽지 않고 비틀거리며 돌아다녔어. 그런 쥐를 본 여우가 얼씨구나 하고 날름 잡아먹었지. 그러니 어떻게 되었겠니? 쥐를 잡아먹을수록 여우의 몸에는 쥐약이 쌓였고, 결국 그로 인해 시름시름 앓다가 죽고 말았지.

맹독성 살충제 디디티

쥐약뿐 아니라 당시 농작물에는 해충을 잘 죽인다는 디디티(DDT)*가 인기를 끌고 있었어. 한 번만 뿌려도 해충을 싹 죽였으니 최고의 살충제로 단

> **디디티(DDT)**
>
> 디디티(DDT)는 무서운 살충 효과를 가진 살충제로, 제2차 세계 대전 후부터 해충약으로 쓰이는 등 질병을 막는데 널리 쓰였다. 그러나 지금은 인체에 쌓여 독성을 나타낸다는 것이 알려져서 제조와 판매, 사용이 전부 금지되었다.

연 인기였지. 농부들은 앞뒤 가리지 않고 마구 디디티를 뿌려 댔어.

그러나 디디티의 위험성을 사람들은 알지 못했어. 해충뿐 아니라 소중한 천적까지 함께 죽인다는 사실을 말이야.

디디티가 위험한 살충제라고 알려진 건 대머리독수리 숫자가 줄어들면서부터였어. 쥐약을 먹고 쥐약에 중독되어 죽어간 여우처럼 대머리독수리도 살충제에 중독되어 죽어갔어.

디디티에 오염된 벌레를 잡아먹은 대머리독수리는 칼슘이 부족해졌어. 그러자 낳는 알마다 알껍데기가 얇아서 알이 부화되지 않았지. 번식에 심각한 문제가 생긴 거야. 그러면서 대머리독수리는 멸종 위기에 처했어. 우리나라 수리부엉이도 대머리독수리처럼 살충제 중독으로 멸종 위기 동물이 되었단다.

1962년에 레이첼 카슨은 『침묵의 봄』이라는 책을 통해 디디티의 위험성을 전 세계에 알렸어. 디디티는 새, 물고기 같은 동물뿐 아니라 사람에게까지 위험한 물질이라고 말이야. 디디티는 신경계 손상과 암을 일으킨다고 확인되어 1970년대 들어 전 세계적으로 사용이 금지되었어.

그러나 경제력이 약한 국가에서는 지금도 디디티를 사용하고 있다니 큰일이야.

도미노처럼 무너지는 생태계

강력한 쥐약 때문에 쥐가 눈에 띄게 줄기는 했지만, 쥐는 여전히 살고 있어. 하지만 여우는 멸종했지. 뿐만 아니라 쥐를 잘 잡아먹는 뱀도 죽었고, 죽은 뱀을 먹고 사는 너구리, 족제비, 삵까지도 대부분 죽고 말았어. 이렇게 쥐를 잡아먹는 천적들이 사라지자 요즘은 도리어 쥐가 다시 하나둘 늘어나고 있어.

쥐가 먹은 쥐약은 적은 양이지만, 여우는 이런 쥐들을 수없이 잡아먹기 때문에 훨씬 더 많은 쥐약을 먹게 되는 거야. 이처럼 먹이사슬을 따라서 살충제가 더 많이 쌓이는 현상을 '생물농축 현상'이라고 해.

그런데 왜 여러 동물 중에 유독 여우만 멸종하게 된 걸까? 그건 바로 여우가 최고의 쥐 사냥꾼이었기 때문이야. 쥐를 사냥하는 여우는 인간에게 꼭 필요한 동물이었어. 곡식을 지키고 전염병을 막아 주는 일등 공신이었지.

그러나 쥐잡기 운동으로 우리나라 여우는 멸종되었어. 전 세계 여우가 살고 있는 국가 가운데 유일하게 우리나라 여우만 멸종된 거야. 2004년에 강원도 양구에서 죽은 채로 발견된 여우가 마지막이었어. 여우의 멸종은 생태계의 생물들이 모두 관계를 맺고 살아간다는 걸 깊이 생각하지 못해서 일어난 일이야.

이제는 디디티가 다른 종인 어류와 조개류에서도 나오고 있어. 심지어 청정 지역인 알프스와 고산 지대에서도 발견되지. 살충제를 마구 뿌린 피해는 다시 인간에게 되돌아왔어.

이처럼 생태계는 어느 하나가 부족하거나 넘쳐서도 안 돼. 꼭 필요한 만큼 있어야 하고, 그리고 서로 어울려 살아야 해. 보잘 것 없으니까, 해로우니까 없어져야 한다거나 사라지게 할 수는 없다는 거야. 어느 한 종의 멸종은 결국 도미노처럼 영향을 미치거든. 결국 지구촌 생물들이 함께 살 수 있도록 돕는 게 인간과 생물 모두 행복해지는 길인 거야.

 이건 알고 있니?

복원되는 소백산 여우

2011년부터 멸종된 여우를 복원한다는 반가운 소식이 들려왔어. 그 복원 대상은 소백산 여우인데, 이렇게 되면 멸종 위기 동물인 지리산 반달가슴곰, 월악산 산양에 이어 세 번째로 복원되는 거야.

소백산을 선택한 이유는 여우가 살기 좋은 환경을 갖추고 있는 데다 먹이가 풍부하기 때문이야. 소백산에는 여우의 먹이가 되는 들쥐를 비롯하여 개구리, 도마뱀, 멧토끼, 고슴도치, 포도, 밤, 잣, 호두가 많아. 개울 주변에는 나지막한 언덕이 펼쳐져 있어 여우가 살기에도 안성맞춤이지.

이뿐만 아니라 주변에 살고 있는 다른 동물들도 살펴봐야 해. 여우와 경쟁하는 너구리, 함께 지내는 고라니, 삵, 멧돼지 같은 동물들도 고려해야 하거든. 왜냐하면 갑자기 여우가 늘어나 숲의 균형이 깨지면 다른 동물들이 피해를 입을 수 있잖아. 광견병, 포충증 같은 여우가 옮기는 질병도 잘 살펴야 하고 말이야.

　왜 이렇게 생각할 게 많냐고? 잘못된 우리 인간의 판단 때문에 애꿎은 여우가 멸종되었잖아. 멸종시키는 건 한순간이지만, 복원시키는 건 여간 어려운 게 아니거든.

　지금도 종종 토종 여우를 목격했다는 이야기가 들리고 비무장지대에서는 여우 배설물로 추정되는 물질이 발견되기도 했어. 어딘가에 여우가 살고 있다는 증거이자 희망이기도 하지.

02 환경 지표종, 양서류

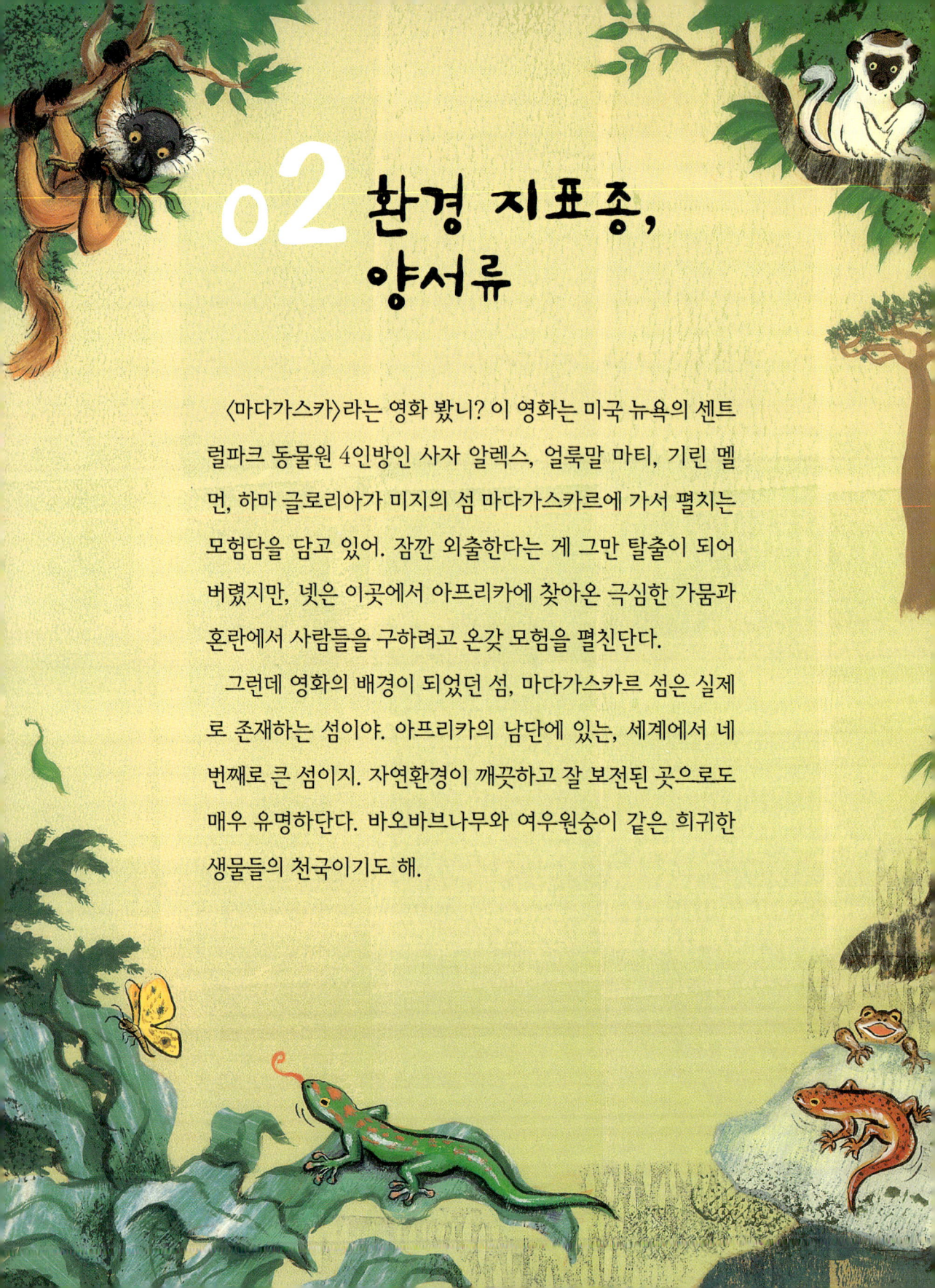

　〈마다가스카〉라는 영화 봤니? 이 영화는 미국 뉴욕의 센트럴파크 동물원 4인방인 사자 알렉스, 얼룩말 마티, 기린 멜먼, 하마 글로리아가 미지의 섬 마다가스카르에 가서 펼치는 모험담을 담고 있어. 잠깐 외출한다는 게 그만 탈출이 되어 버렸지만, 넷은 이곳에서 아프리카에 찾아온 극심한 가뭄과 혼란에서 사람들을 구하려고 온갖 모험을 펼친단다.

　그런데 영화의 배경이 되었던 섬, 마다가스카르 섬은 실제로 존재하는 섬이야. 아프리카의 남단에 있는, 세계에서 네 번째로 큰 섬이지. 자연환경이 깨끗하고 잘 보전된 곳으로도 매우 유명하단다. 바오바브나무와 여우원숭이 같은 희귀한 생물들의 천국이기도 해.

마다가스카르 섬에서는 15년 동안 새로운 양서류가 100종이나 발견되었어. 처음 보는 신비로운 개구리의 모습에 사람들은 깜짝 놀랐지. 그런데 더 놀라운 일이 최근에 일어났어. 무려 200여 종의 신종 양서류가 새롭게 발견된 거야. 우리나라 전체 양서류가 20여 종인 걸 생각하면 엄청나지? 지금까지 그 누구도 보지 못했던 귀한 양서류가 이렇게 많이 새롭게 발견되는 건 매우 희귀한 일이야. 도대체 마다가스카르 섬에는 얼마나 다양한 생물들이 살고 있는 걸까?

환경오염에 취약한 양서류

육지와 물을 오가며 생활하는 동물을 '양서류(물뭍동물)'라고 해. 대표적인 동물이 개구리지. 땅 위를 엉금엉금 기어가는 두꺼비도 있고, 맑은 계곡에만 산다는 꼬리 긴 도롱뇽도 있어.

이들의 특징은 피부가 매끈매끈 물렁물렁하다는 거야. 또한 물과 육지 모두에서 살기 때문에 물에서 사는 어류와 땅 위에서 사는 파충류의 특징을 골고루 갖고 있어. 그래서 양서류는 어류

에서 파충류로 가는 중간 단계에 있는 동물로 본단다. 다리가 달린 동물 중에서는 가장 원시적인 동물이라고 할 수 있지.

하지만 양서류는 환경오염을 가늠해 볼 수 있는 아주 중요한 동물이야. 이들은 환경오염에 매우 민감해서 오염되지 않은 깨끗한 자연에서만 살 수 있거든.

요즘 개구리 울음소리 들어 본 적 있니? 개굴개굴 울던 개구리 울음소리가 언제부턴가 들리지 않는 곳이 많아졌어. 정겹던 개구리가 우리 곁을 슬그머니 떠난 거야. 풀잎에 앉아 있는 귀여운 청개구리 모습도 찾기 힘들고, 논과 연못의 개구리도 많이 줄어들었어. 맑은 계곡에만 사는 도롱뇽은 매우 진귀한 동물이 되었지. 친근했던 동물, 양서류가 점점 보기 힘들어지고 있단다.

개구리가 점점 사라져 버린 건 우리 사람들의 잘못이 커. 작물을 재배한다고 개구리가 살고 있는 논밭에 화학비료와 살충제를 마구 뿌려댔거든. 비료와 살충제는 비가 오면 냇가나 연못으로 흘러들어가서 물을 오염시켜. 거기에 공장폐수와 생활하수까지 물을 오염시켰지. 그러다 보니 수질오염에 약한 올챙이들이 많이 죽고 말았어. 그러니 개구리가 있을 리가 없지. 올챙이가 자라야 개구리가 되니까 말이야.

개구리의 고통은 여기서 끝나지 않았어. 올챙이가 자라서 개구리가 되면 아가미가 사라지고 대신 폐와 피부로 숨을 쉬어. 그러자 이제는 공기오염이 문제야. 아가미로 숨을 쉬는 올챙이 때에는 물이 오염되어 살기가 힘들고, 폐로 숨을 쉬는 개구리가 되어서는 공기가 오염되어 숨쉬기가 힘들어지니 개구리가 점점 살 수가 없지. 그 때문일까? 환경오염이 시작되면 양서류가 제일 먼저 피해를 입어. 반대로 환경이 잘 보존된 곳에서는 양서류가 많이 살고 있단다.

개구리가 줄어든 건 온전히 환경오염 때문만은 아니야. 개구리의 보금자리를 한꺼번에 파괴시키는 개발도 문제였어. 고층 빌딩과 아파트를 짓느라 서식처를 한꺼번에 밀어 버렸으니 개구리들이 살 공간이 없잖아. 게다가 개구리가 건강에 좋다는 헛소문까지 나서 너도나도 다 개구리를 잡아간 것도 개구리 멸종에 한몫했지.

현재 양서류는 포획 금지 동물로 지정되어 있어. 그런데도 여전히 많은 사람들이 이런 사실을 모른 채 마구잡이로 잡아들이고 있단다.

소중한 생태계 지표종

개구리 같은 양서류가 멸종되면 어떤 일이 벌어질까?

양서류는 주로 해충이나 벌레를 잡아먹고 살아. 그러니 양서류가 멸종되면 해충이 급격히 늘겠지. 그러면 농사도 제대로 지을 수 없어.

또한 양서류는 뱀이나 거북 같은 파충류와 쥐 같은 설치류 동물의 중요한 먹이이기도 해. 양서류가 멸종되면 이들 또한 먹이가 없어져서 위험에 처하게 되지.

그리고 무엇보다 양서류가 환경지킴이라는 걸 잊으면 안 돼. 양서류 중에서도 두꺼비는 생태계가 건강하다는 걸 증명하는 대표적인 동물이야. 다시 말

식용 개구리를 즐기는 프랑스인

프랑스 인은 1년에 1억 마리 이상의 개구리를 최고급 요리 재료로 사용하고 있다. 그런데 요리 재료로 사용되는 개구리가 인도네시아에서 마구 잡아 수출한 거라는 게 더 문제이다. 너무나도 마구 잡고 있어서 개구리는 더욱 멸종 위험에 처했다.

해 두꺼비는 물과 땅의 생태계가 모두 건강하다는 걸 알려 주는 지표종*이라고 할 수 있지.

도롱뇽은 계곡의 물이 맑다는 것을 증명하는 양서류야. 도롱뇽은 1급수의 맑은 물에서만 살 수 있거든. 저수지, 늪, 논에 살고 있는 개구리 또한 환경오염에 민감한 양서류란다. 따라서 양서류가 사라졌다는 것은 그만큼 환경오염이 심각해졌다는 걸 뜻하는 거야.

유엔기후변화위원회에서는 2020년이면 양서류가 모두 멸종될 거라고 경고했어. 우리나라도 지난 20년 동안 토종 개구리가 80퍼센트나 줄어들었어. 맹꽁이, 금개구리, 두꺼비는 이미 멸종 위기 야생동물이 되었고 말이야.

그러나 우리는 양서류들이 떠나도 아무런 관심이 없어. 양서류가 멸종하면 결국 인간도 멸종할 거라는 불행한 추측이 나오고 있지만 사람들은 정말 무관심해. 전 세계적으로 멸종되어 가는 양서류를 보면 언젠가 인간도 지구에서 내쫓길 날이 오지 않을까 염려스러워.

> **지표종**
> 지표종은 기준이 되는 생물이란 뜻으로, 특정한 환경 조건을 나타내는 생물을 말한다. 두꺼비, 도롱뇽, 갈대 등이 있다.

03 간척 사업으로 떼죽음을 당한 해양 생물

 2010년 4월 27일, 세계 최대 길이의 방조제가 우리나라에서 완공되었어. 바로 새만금 방조제란다. 방조제는 높이 밀려드는 바닷물 때문에 생기는 피해를 막기 위해 쌓은 둑이야.

 길이가 무려 33.9킬로미터나 되는 이 거대한 방조제는 바다를 가로막았어. 사람들에게는 도움이 되었지만 바다에 살고 있는 해양 생물들에게는 문제가 생겼지. 특히 토종 돌고래인 상괭이 100여 마리가 떼죽음을 당한 일이 일어나고 말았단다.

 상괭이가 떼죽음을 당하게 된 가장 큰 이유는 방조제 건설로 바닷물의 흐름이 바뀌었기 때문이었어. 바다를 가로막은 거대한 방조제로 인해 바닷물의 흐름이 바뀌면서 많은 물고기들이 방조제 안쪽에 새로 만들어진 새만금호로 흘러 들어왔어. 이때 상괭이도 먹이를 쫓아서 함께 따라 들

새만금 방조제

어왔지. 그런데 때마침 예상치 못한 강추위가 몰아닥치면서 새만금호가 꽁꽁 얼어붙었단다. 방조제가 만들어지면서 새만금호가 바다에서 호수로 변했고, 기온이 내려가자 쉽게 얼어붙었던 거야.

호수가 얼어 버리자 상괭이는 숨이 막혀 아우성치다가 죽어갔어. 상괭이는 물고기가 아니라 폐로 호흡하는 포유동물이라 1분에 두세 번은 물 위로 올라와서 숨을 쉬어야 해. 그런데 새만금호가 꽁꽁 얼어붙었으니 어땠겠니? 결국 호수 위로 올라오지 못해 죽을 수밖에 없었지.

국제적인 멸종 위기 종으로 보호받는 상괭이가 방조제로 만들어진 새만금호에서 한꺼번에 떼죽음을 당한 거야.

동물들의 떼죽음

동물들의 떼죽음 현상은 지구촌 곳곳에서 잇따라 발생하고 있어. 새, 물고기, 거북, 꽃게 등 종류도 매우 다양해. 그런데도 정확한 원인을 알 수 없다는 게 문제야.

떼죽음을 가장 많이 당하는 생물은 물고기야. 강과 하천, 호수와 바다에서는 물고기 떼죽음이 매우 흔하게 일어나. 그 이유는 대부분 산소 부족을 일으키는 적조 현상*때문이야. 공장폐수와 생활하수가 바닷물을 오염시키면 플랑크톤이 갑자기 불어나. 불어난 플랑크톤 때문에 물속에는 산소가 부족해지고, 결국 그 피해는 고스란히 물고기들이 입게 되지.

최근에는 새들이 떼죽음 당하는 현상이 자주 발생하고 있어. 미국 아칸소의 찌르레기 5천 마리, 루이지애나 주의 붉은어깨찌르레기 500여 마리가 몰살 당하고 말았지. 그런데 이런 동물들의 떼죽음이 특정 몇몇 지역에서만 일어나는 게 아니라 전 세계에 걸쳐서 일어나고 있다는 데에 문제의 심각성이 있어.

> **적조 현상**
> 물이 오염되면서 식물성 플랑크톤이 갑자기 불어나서 바다, 강, 호수 등의 색깔이 바뀌는 현상을 말한다.

그렇다면 왜 새들이 한꺼번에 죽은 걸까? 대부분은 추운 날씨 때문에 먹이를 제대로 구하지 못해서야. 때로는 새해 불꽃놀이로 인한 스트레스로 집과 나무에 부딪혀 죽기도 해. 천둥을 동반한 폭풍우, 기생충 감염 등도 원인이 되기도 하고.

그러나 동물의 떼죽음의 가장 큰 원인은 환경이 크게 변했기 때문이야. 물고기만 해도 물 온도가 1도만 올라가도 살던 곳에서 살 수가 없어. 겨우 1도 갖고 그러냐고 생각하겠지만, 물속에 사는 물고기들은 1도만 올라가도 살이 데일 정도로 크게 느껴. 그러니 그곳에서 살 수가 없지. 그렇다고 다른 곳을 찾아가 봐도 비슷한 현상이 일어나면 떼죽음을 면치 못하는 거야.

그럼, 동물들의 떼죽음을 막을 수 있는 방법은 없을까? 그건 의외로 쉬우면서도 어려워. 동물들이 생활하는 곳을 깨끗하게 보존하면 되는 거니까.

환경 변화와 생물

하지만 지금도 지구는 끊임없이 오염되고 있어. 다시 말해서 동물들의 떼죽음 현상이 계속 일어날 수밖에 없다는 얘기지. 대재앙에 큰 충격을 받은 어부들만 발을 동동 구를 뿐 대부분의 사람들은 별로 관심이 없다는 게 슬프기만 해.

해양 생물을 죽음에 몰아넣은 간척 사업

얕은 바다를 육지로 쓰기 위해 둑을 쌓고 바닷물을 퍼내어 일부분을 인공 호수로 만드는 걸 간척 사업이라고 해. 해수면보다 땅이 낮은 네덜란드에서 처음 시작되었지.

간척 사업은 모든 해양 생물들을 두려움에 떨게 만들었어. 거대한 둑인 방조제를 만들어 바다를 가로막으면서 바다 환경을 크게 바꿔 놓거든.

간척 사업으로 드넓은 땅이 생겼는지 모르지만, 바다 생물들에겐 목숨까지 위협받는 최악의 상태가 되어 버려.

우리나라는 삼면이 바다로 둘러싸여서 해양 자원은 풍부하지만 농사지을 땅이 늘 부족했어. 그래서 넓은 바다를 메워 땅으로 만드는 간척 사업을 매우 중요하게 생각했지. 땅이 넓어지면 인구가 늘어나도 식량 걱정을 덜 수 있다고 믿었던 거야. 실제로 새만금 방조제를 만들면서 서울시 면적의 3분의 2에 해당하는 새로운 땅이 만들어졌어.

그러나 무조건 땅만 넓히려고 한 게 문제였어. 간척 사업 때문에 해양 생태계가 심각하게 오염되었거든.

　방조제 때문에 바닷물이 들락거리지 못하자 물은 점점 썩어 들어갔어. 호수에 갇힌 물고기들은 산소 부족으로 언제 죽을지 모르는 처지가 되었지. 인간의 이익을 위해 바다를 막은 방조제 때문에 말도 못하는 해양 생물들이 무참히 죽어간 거야. 상괭이의 떼죽음이 단적인 예라 할 수 있겠다.

갯벌이 사라지다

뿐만 아니라 간척 사업은 다양한 해양 생물의 보금자리인 갯벌을 파괴시키고 오염시켰어.

갯벌은 하천과 강에서 흘러들어온 더러운 물질을 정화시켜 바다로 흘려보내는 중요한 곳이야. 그러나 간척 사업으로 갯벌이 사라지면서 이런 중요한 역할은 물론이고 여기에 살고 있던

바지락, 백합, 동죽, 반게, 칠게, 고동 등의 갯벌 생물들도 더 이상 살기 힘들어졌어. 해양 생물이 사라진 갯벌은 더 이상 더러운 물질을 정화시킬 수 없어. 그러니 바다도 오염될 수밖에 없지.

이렇게 간척 사업을 계속하다가는 21세기를 지나면 해산물을 볼 수 없을지도 모른다는 경고도 나왔어. 이미 지난 50년 동안 생선, 조개류를 비롯한 해양 식물의 29퍼센트가 멸종 위기에 놓였고, 2050년이면 자연 해산물을 찾기 힘들 거라고 추측해. 그야말로 해양 생물도 멸종 위기에 처해 있는 셈이지.

그렇다면 어떻게 하면 소중한 해양 생물을 보호할 수 있을까? 가장 먼저, 간척 사업과 그로 인한 해양 오염을 막아야 해. 이미 만들어진 방조제는 다시 돌려놓을 수 없어. 대신 해양 생물들이 맘껏 살 수 있는 환경을 만들어 주는 것이 급선무야. 자연을 훼손하지 않으면서 이를 활용할 수 있는 방법도 찾아야 해. 불법으로 남획되고 있는 해양 생물을 보호하는 방법도 찾아야 하고.

해양 생물이 살아야 우리 인간도 오랫동안 살 수 있는 길이 열린다는 걸 사람들이 알았으면 좋겠어.

04 생태계를 혼란에 빠뜨린 외래종

우포늪에 철새 다리를 물어서 공격하는 물귀신이 나타났어. 갑작스런 공격에 놀란 새들은 푸드덕거리며 비명을 질렀지. 그런데 자세히 보니 물귀신이 아니었어. 수영도 잘하고 잠수 실력까지 뛰어난 사냥꾼이었지. 포악한 사냥꾼은 새를 잡아서 육지로 올라와서는 마구 먹어치웠어.

이 포악한 사냥꾼은 뉴트리아였어. 뉴트리아는 쥐랑 비슷하게 생겼지만, 몸길이가 60센티미터나 될 정도로 몸집이 큰, 슈퍼 쥐야. 남아메리카에서 온 외래종이지. 뉴트리아처럼 다른 나라에서 들어온 생물을 외래종이라고 해.

1980년대에 모피용과 식용으로 사용하려고 들여왔어. 하지만 생각처럼 사용할 수 없게 되자 아무 곳에나 놓아준 게 화근이 되었어.

우리나라 강과 하천에 살게 된 뉴트리아가 토종 생물들을 위협하며 닥치는 대로 잡아먹었거든. 뉴트리아 때문에 우리 생태계는 큰 혼란에 빠지고 말았단다.

생태계를 어지럽히는 외래종

외래종 뉴트리아*는 환경에 적응하는 능력이 뛰어났어. 낯선 환경에서도 1년에 20마리나 되는 새끼를 낳았고, 물에서 사는 식물은 물론 철새까지도 잡아먹는 잡식성이라 먹이 걱정도 없어. 무엇보다 우리나라에는 덩치 큰 이 슈퍼 쥐를 상대할 만한 토종 천적이 없었다는 게 치명적이었지. 그러다 보니 뉴트리아는 마구잡이로 토종 생물을 잡아먹으며 위력을 떨쳤어. 호수, 늪, 연못, 강둑 할 것 없이 마구 휘젓고 다니며

> **뉴트리아**
> 쥐처럼 생긴 뉴트리아는 '코이푸'라고 불리기도 하는데, 몸길이가 60센티미터, 꼬리길이가 40센티미터, 몸무게가 10킬로그램이나 되는 초대형 설치류이다.

서식처를 넓혀 갔단다.

심지어 철새와 물고기도 뉴트리아를 보고는 두려움에 떨었어. 새가 쥐를 보고 두려워하는 게 정말 이상하지만, 그만큼 뉴트리아는 쥐라고 하기엔 덩치가 너무 컸던 거야. 보통 덩치가 큰 외래 동물들은 토종 동물과의 힘겨루기에서 이기는 경우가 많아. 뉴트리아도 그랬어. 그러면서 토종 생물을 괴롭히는 못된 생물이 되었지.

외래 동물의 대표인 황소개구리도 뉴트리아처럼 많은 문제를 일으켰어. 물고기, 개구리는 물론 뱀까지 잡아먹을 정도로 악명을 떨쳤지. 황소개구리 역시 먹을거리로 이용할 생각에 들여온 거야. 그러나 생각만큼 인기가 없자 그냥 자연에 놓아준 것이지. 황소개구리도 뉴트리아처럼 제압할 토종 천적이 없었어. 때문에 황소개구리는 지금까지도 토종 생물을 위협하며 살고 있단다.

청거북이라 불리는 붉은귀거북도 같은 경우야. 북아메리카가 원산지인 붉은귀거북은 어른이 되자 지독한 냄새를 풀풀 풍겼어. 하천과 강에 무심코 놓아준 붉은귀거북은 물고기, 곤충 등 움직이는 건 모조리 잡아먹었어. 북아메리카에서 온 물고기 블루길(파랑볼우럭)과 배스도 이런 식으로 물속 생태계를 어지럽혔단다.

 외래 동물 때문에 물속 생태계는 혼란스러워졌어. 처음 본 외래 동물에게 우리나라 생물들은 번번이 당하고 말았지. 강과 하천 생태계는 엉망진창이 되고 말았어. 지금도 우리나라에 자리 잡은 외래 동물들은 토종 생물들을 위협하며 활개 치고 있단다.

토종 식물을 내쫓은 가시박

외래 동물처럼 외래 식물도 문제를 일으키고 있어. 이미 우리나라 산과 들에는 외국에서 온 외래 식물들이 많이 살고 있어. 주변에서 흔히 볼 수 있는 토끼풀과 개망초도 외래 식물이야. 외래 식물이 토종 식물처럼 정착하여 계속 살고 있으면 '귀화식물'이라고 불러.

외래 식물이 어떻게 토종 식물처럼 살 수 있냐고? 외래 동물이 토종 동물을 몰아내고 그 자리를 차지한 것처럼 외래 식물 또한 적응력과 번식력이 강해서 토종 식물들을 밀어내고 서식처를 차지했거든.

최근 가장 큰 문제를 일으키고 있는 외래 식물은 가시박이야. 가시박은 북아메리카가 원산지인데, 덩굴을 뻗치며 빠르게 성장하는 엄청난 번식력 때문에 토종 식물을 몰아내는 해로운 식물이 되었지.

가시박에게 뒤덮인 토종 식물은 햇빛을 보지 못해서 말라죽어. 게다가 다른 식물을 죽이는 물질까지 내뿜어서 토종 식물을 꼼짝달싹 못하게 만들어 버린단다.

가시박은 1990년대에 오이, 수박, 박 등의 접붙이기용으로 들여왔어. 번식력이 좋다는 소문을 듣고 접붙이기 하면 작물의 생산량이 좋아질 거라 기대한 것이지. 그러나 생각처럼 효과가 없자 아무렇게나 버려졌어. 하지만 가시박은 쉽게 죽지 않고 강인한 생존력을 발휘하며 살아남았던 거야.

가시박은 들판을 뒤덮고 나무를 휘감으며 널리 퍼져 나갔어. 비닐하우스와 밭을 뒤덮어 농사에 큰 피해를 입혔지. 가시박은 워낙 번식력과 생존력이 강해서 밭에 한 번 퍼지면 차라리 농사를 포기하는 게 더 나아. 결국 가시박은 생태계를 혼란 속에 빠뜨린 생태 교란 식물*이 되고 말았단다.

생태 교란 동·식물

생태계를 어지럽히거나 파괴하는 생물을 일컫는 생태 교란종은 동물 5종, 식물 11종, 총 16종이 있다. 동물로는 뉴트리아, 황소개구리, 붉은귀거북, 어류는 블루길과 큰입배스가 있다. 식물에는 돼지풀, 단풍잎돼지풀, 서양등골나물, 털물참새피, 물참새피, 도깨비가지, 애기수영, 가시박, 서양금혼초, 미국쑥부쟁이, 양미역취가 있다.

가시박 외에도 생태 교란 식물들은 많이 있어. 북아메리카가 원산지인 단풍잎돼지풀과 돼지풀

도 문제를 일으켰어. 양지바른 주택가, 산의 능선, 계곡, 휴양지에 많이 사는 두 식물은 모두 토종 식물이 잘 자라지 못하게 방해했어. 특히, 돼지풀은 꽃가루를 날려서 사람들에게 호흡기 질병까지 일으켰지. 가시박, 단풍잎돼지풀, 돼지풀 등의 생태 교란 식물들은 모두 우리나라 고유 생태계를 어지럽히고 있단다.

외래종과 함께 사는 지혜

 외래 생물은 보통 강한 생존력과 번식력으로 토종 생물을 위협해. 만약 외래 생물들이 생존력이 약했다면 적응하지 못하고 벌써 사라졌을 거야.
 그렇다면 이런 외래 생물들을 어떻게 하면 좋을까? 우리 생태계를 어지럽히니 모조리 없애야 할까? 결론부터 말하면 이것

은 옳은 답이 아니야. 이들을 싹 없애는 것은 오히려 더 위험해. 외래 생물들은 이미 토종 생물과 관계를 맺고 살아가고 있기 때문이지.

우리나라에 살게 된 지 50년이 넘은 황소개구리만 해도 이젠 거의 토종 생물이 다 되었어. 아직도 황소개구리가 문제라고 멸종시키면 또 다른 문제가 발생할 수 있다는 말이야. 황소개구리가 줄어들면 관계를 맺고 살던 토종 생물까지도 영향을 받게 되거든. 큰 문제가 없다면 지금처럼 유지시키는 게 더 지혜로운 생각이란다.

강과 하천을 뒤덮은 가시박을 완전히 제거한다는 건 꿈일 뿐이야. 모두 제거하려고 힘쓰기보다 심각한 피해를 막기 위해 조절하는 게 더 현명해.

그럼, 어떻게 하면 가시박을 조절할 수 있을까? 무엇보다 하천 생태계를 건강하게 만드는 게 우선이야. 아무리 강한 가시박이라도 하천 생태계가 건강하면 함부로 침범하지 못하거든.

외래 식물은 주로 자연환경이 파괴된 틈을 비집고 들어와. 그러니 환경이 건강하면 외래 식물이 적응하기가 힘들단다.

따라서 하천, 강, 숲을 건강하게 만들어야 외래 생물의 피해를 막을 수 있어. 좋은 자연환경은 다양한 생물들이 서로 도우며 살아가는 공간이 되니 말이야.

그러나 무엇보다 중요한 건 외래 생물을 들여오기 전에 신중히 검토해야 한다는 거야. 함부로 수입했다가 낭패를 본 사례를 이미 충분히 보았고, 그 대가를 치르고 있으니까 말이야.

 이건 알고 있니?

토종도 외래종이 될 수 있다

 외래종이 아닌 우리나라 토종 생물도 생태계를 어지럽힐 수 있어. 토종 민물고기라고 해도 원래 살던 강이 아닌 곳에서는 문제를 일으킬 수 있거든. 육식 어종은 더욱 더 포악해져서 다른 토종 물고기를 마구 잡아먹기도 해. 또한 서식 조건이 맞지 않는 곳에서는 한꺼번에 죽어서 물을 오염시키기도 하지. 그래서 물고기를 풀어 주려면 풀어 주려는 강과 하천에 맞는 고유종을 풀어 주는 게 좋아. 그것이 물고기는 물론, 그 물속에 살고 있는 생물들을 모두 살리는 길이란다.

가시박처럼 피해를 일으킨 칡

　가시박은 고향인 미국에서도 다른 식물의 성장을 막아서 문제를 일으키고 있어. 그러나 우리나라에서처럼 넓게 퍼져 있지는 못해. 좁은 지역에서만 한정적으로 자라고 있어서 피해가 그렇게 크지는 않아. 이미 미국의 가시박은 다른 식물과 함께 사는 법을 배웠기 때문이지.

　그런데 우리나라의 칡이 미국에 건너가서는 큰 피해를 입혔어. 우리나라에 온 가시박이 그랬던 것처럼 생존력과 번식력이 강한 칡이 미국 식물들을 위협한 거야. 미국 식물들은 칡에게 침범 당하지 않으려고 안간힘을 썼어. 그러나 이내 궁지에 몰리고 말았단다.

　어떤 나라나 외래 생물을 들여올 때에는 신중에 신중을 기해야 하는 이유, 잘 알겠지?

환경 변화와 생물

05 돌발 해충의 출현

   2004년 여름 어느 날, 공상 과학 영화에서나 볼 수 있는 괴상망측한 외계 로봇 같은 것이 서울 한복판에 나타났어. 아파트와 공원 나무에 다닥다닥 달라붙어 있는 모습이 흡사 외계인들 같았지. 사람들은 이 모습을 보고 놀라기도 하고 두려워하기도 했어. 이 괴상한 생물의 정체는 꽃매미였어.

   꽃매미는 중국 남부 지역이 원산지인 열대 곤충이야. 그런 곤충이 왜 갑자기 서울 한복판에 나타나게 된 걸까? 그건 최근 지구온난화 현상과 관련이 있어. 지구온난화로 서울이 열대 지역과 비슷하게 기온이 올라갔거든. 열대 곤충 꽃매미가 살기 적합한 곳이 된 것이지. 그래서인지 느닷없이 나타난 꽃매미는 서울에서 잘 적응해 갔어. 곤충이 살아가는 데는 무엇보다 기온이 제일 중요한데, 기온도 적합한 데다 자연환경도 적당히 파괴된 것이 꽃매미가 살아가기에 아주 좋았지.

눈치 빠른 꽃매미는 서울에서 계속 살기로 마음먹었어. 추운 겨울이 되자 알 무더기를 나무에 낳아서 겨울나기를 했지. 다음 해 봄이 되자 수많은 알에서 엄청나게 많은 꽃매미가 깨어났어. 갑작스럽게 불어난 꽃매미는 가로수는 물론 맛있는 과일이 열리는 과수까지도 탐냈어. 포도나무에 떼로 몰려간 꽃매미는 큰 피해를 일으키는 돌발 해충(갑자기 불어나서 피해를 주는 해충)이 되었단다.

울지 못하는 꽃매미

꽃매미의 모습은 일반 매미하고는 확실히 달라. 처음 이들이 나타나자 사람들은 그 낯선 모습에 경악했어. 거기에다 해충이라고 하니 보이는 족족 죽이려고 하는 사람들이 많았지. 그런데 특이하게도 꽃매미는 다른 매미들과는 달리 울질 않았어. 매미라면 맴맴 울어야 하잖아.

그건 꽃매미가 울지 못하는 매미류 곤충이기 때문이야. 꽃매미 말고도 울지 못하는 매미류 곤충들에는 매미충, 멸구, 진딧물, 선녀벌레 같은 것들이 있어. 이들은 매미처럼 소리를 만드는 발음기관이 없어. 그런데도 꽃매미를 매미류 곤충에 넣는 이유는 꽃매미가 매미처럼 즙을 빨아먹기 때문이야. 매미류 곤충은 기다란 주둥이로 나무진이나 풀즙을 빨아먹을 수 있거든. 하지만 꽃매미는 나무 해충이야. 번식력이 좋은 데다 너무 많은 수가 한꺼번에 나무의 즙을 빨아먹으면서 피해를 입혔기 때문이지.

처음에는 꽃매미를 '주홍날개꽃매미'라고 많이 불렀어. 주홍색 빛깔의 예쁜 날개를 펼치고 날아가는 게 인상적이었기 때문

이지. 중국에서 날아온 외래 해충이라서 '중국매미'라고도 했단다.

그런데 꽃매미가 처음 발견된 1930년대만 해도 아무런 피해를 일으키지 않았어. 당시에는 자연환경이 매우 좋아서 비집고 들어올 틈도 없었고, 토종 천적들도 많아서 꽃매미가 적응할 수가 없었던 거야. 무엇보다 지구온난화가 진행되지 않아서 겨울이 무척이나 추웠어. 그 매서운 겨울 추위를 꽃매미들이 이겨낼 수가 없었던 것이지.

그러나 2004년에는 사정이 달랐어. 지구온난화로 환경이 많이 변해서 우리나라를 다시 찾은 꽃매미들은 환경이 변했다는 걸 금방 눈치 챘던 거야.

꽃매미 피해를 막는 지혜

꽃매미는 어떻게 중국에서 들어온 걸까? 아마도 태풍이나 황사를 타고 날아왔을 거라고 추정하고 있어. 수입하는 목재나 화물에 섞여서 들어왔을 수도 있지. 꽃매미는 서울, 경기 지역부터 시작해서 충북, 충남, 경북, 강원, 전북 등 우리나라 전 지역으로 퍼져 나갔어. 놀라운 번식력으로 3년 만에 무려 3천 배 이상 늘어나면서 문제를 일으켰지.

처음엔 아파트, 공원 같은 도심에만 몰려들었어. 그러나 곧 본색을 드러냈어. 특히 가죽나무나 포도를 재배하는 과수원에 마구 몰려들어서 큰 피해를 입혔단다.

그런데 도시에 살고 있던 꽃매미가 어떻게 과수원에까지 오게 된 걸까? 그건 포도밭 근처 야산에 가죽나무가 많았기 때문이야. 가죽나무에 모여든 꽃매미가 자연스럽게 포도나무로 옮겨갔던 것이지.

꽃매미는 포도밭에 엄청난 피해를 일으키며 유명한 과수 해충이 되었어. 나무의 영양분이 흐르는 곳을 정확히 알고는 한꺼번에 몰려들어 즙을 빨아먹었지. 특히 꽃매미는 애벌레부터 성충까지 계속 즙을 빨아먹기 때문에 상상보다 위력이 훨씬 더 컸어. 그러니 어땠겠니? 포도나무가 금방 시들시들 죽어갔지. 게다가 꽃매미들은 너무 많이 먹어서 주사기로 쏘듯 배설물을 분비했어. 이 배설물이 묻은 나무는 바이러스 질병까지 걸리고 말았지.

땀 흘려 수확한 포도 농사가 한순간에 망할 처지에 놓였어. 살충제를 뿌려 봤지만 쉽게 막을 수 없었지. 살충제로 막아 보겠다는 건 꽃매미를 잘 몰라서 한 실수였어. 꽃매미는 살충제를 뿌리면 죽지 않고 다른 곳으로 훌쩍 날아가 버리기 때문에 효과가 거의 없어. 살충제가 사라지고 나면 다시 날아와서 보란 듯이 빨아먹거든.

그렇다면 꽃매미를 막을 방법이 정말 없는 걸까? 살충제를 뿌리려면 전체 과수원에 뿌려야 해. 한 과수원에만 뿌려 봤자

옆 과수원으로 날아가 버리면 그만이니까. 꽃매미 알덩이를 제거하는 방법도 있는데, 이것은 살충제보다는 효과적이지만 한계가 있어.

그래서 최근에는 꽃매미가 좋아하는 가죽나무를 과수원 주변에 일부러 심어서 유인한 후 퇴치하는 방법을 개발했다고 해. 꽃매미가 좋아하는 페로몬을 이용하는 것인데, 효과를 보고 있다니 정말 다행이야.

꽃매미를 물리친 고마운 천적

꽃매미의 천적을 이용하는 방법도 있긴 해. 그런데 이 천적들도 꽃매미를 보고는 무척이나 당황했단다. 이제껏 본 적 없는 괴상한 녀석이었던 것이지. 곤충들이 무서워하는 거미도 처음에는 거미줄에 걸린 꽃매미를 보고는 잡아먹을까 말까 계속 망설이기만 했어. 매일 잡아먹던 먹잇감 하고는 너무나 달랐기 때문이지. 그러다가 점점 배가 고파지자 일단 둘둘 말아놓았어. 그러고는 시간이 흘러도 다른 먹잇감이 걸려들지 않자 일단 먹어 보기로 했지.

이처럼 곤충의 최고 천적인 거미도 꽃매미를 잡아먹기까지는

큰 결심이 필요했어. 그만큼 토종 천적들이 꽃매미를 물리치기까지는 시간이 걸렸다는 뜻이야. 최근에는 토종 천적들이 차츰 제 역할을 하기 시작했어. 괴상한 꽃매미도 자주 보니까 많이 친숙해졌거든. 거미, 사마귀, 침노린재, 벌, 박새 등이 활약하면서 꽃매미는 더 이상 늘지 않고 줄어들고 있단다.

최근엔 꽃매미 알덩이에 기생하는 벼룩좀벌도 발견되었어. 벼룩좀벌은 꽃매미 알에 자신의 알을 낳는 기생벌이야. 꽃매미 알덩이에서

부화된 벼룩좀벌 유충은 꽃매미 유충을 먹으면서 성장해. 결국 꽃매미는 모두 죽고 벼룩좀벌만 어른이 되어 나오게 되는 거야. 원래 벼룩좀벌은 나방류, 딱정벌레류, 파리류의 알과 유충에 기생하는 벌이야. 그런데 꽃매미 알덩이까지 적응하게 된 것이지. 앞으로 꽃매미의 뛰어난 천적이 될 거라 기대가 크단다.

이렇듯 토종 천적은 꽃매미의 피해가 더 이상 커지지 않게 막아냈어. 하지만 꽃매미가 주춤하자 새로운 돌발 해충인 미국선녀벌레와 날개매미충이 등장했어. 이들 역시 꽃매미가 그랬던 것처럼 많은 시간을 들여야 퇴치할 수 있을 거야.

결국 계속 출현하는 해충을 막기 위해서는 근본적인 해결책이 필요해. 그게 뭐냐고? 그것은 바로 숲 생태계를 건강하게 만들어 토종 천적들이 활약할 수 있도록 만들어 주는 거야. 숲이 건강하면 다양한 생물종이 서식할 수 있고, 그러면 자연 생태계의 힘에 의해 조절이 되기 때문이야.

자연을 지키고 건강하게 만들어야 하는 중요한 이유지.

 이건 알고 있니?

지구온난화와 돌발 해충

대표적인 돌발 해충으로, 사막메뚜기를 들 수 있어. 주로 아프리카와 서남아시아에 나타나는 사막메뚜기는 애써 지어 놓은 곡식을 몽땅 먹어 치워 버려. 호주 괴물메뚜기도 그렇고. 우리나라는 중국에서 바람을 타고 날아오는 멸강충, 애멸구, 흰등멸구, 벼멸구가 벼에 큰 피해를 주고 있어. 애멸구는 작물의 즙을 빨아먹으면서 '벼줄무늬잎마름병'까지 일으켜. 경기도 화성의 간척지 논에는 흑다리긴노린재가 발생했고, 태안 지역은 깔따구가 대규모로 출현해서 사람들을 괴롭혔어.

기후변화로 지구온난화가 가속화되면서 꽃매미, 미국선녀벌레, 날개매미충 같은 열대성 해충도 기승을 부리고 있지. 힘겨운 노력을 하고는 있지만 돌발 해충이 워낙 번식력과 생존력이 뛰어나서 막기가 어려워. 게다가 언제 발생할 지도 알 수 없어서 더욱 애를 먹고 있지. 이들 돌발 해충들이 귀중한 양식을 모조리 먹어 치우는 바람에 식량난까지 발생할 위험이 크단다.

06 골칫덩이가 된 평화의 상징, 비둘기

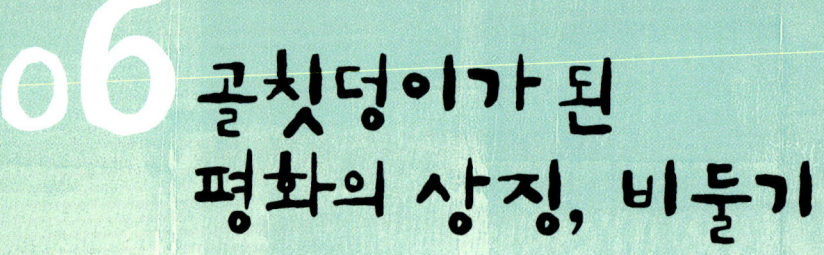

1944년 6월 6일, 아이젠하워는 프랑스 노르망디 해안에서 최대의 상륙작전을 펼쳤어. 아이젠하워의 대활약으로 연합군은 승리를 거두었지. 이를 계기로 마침내 유럽에는 그토록 원하던 자유가 찾아왔어.

그러나 당시만 해도 요즘처럼 인터넷이니, 전화니 하는 통신기술이 발달하지 않았던 때라 전쟁이 끝났다는 걸 알릴 마땅한 방법이 없었어.

다행히 기쁜 소식을 빠르게 알릴 수 있는 좋은 방법이 떠올랐는데, 그것은 비행 능력이 뛰어난 비둘기를 이용하는 거였어. 그렇게 뽑힌 비둘기 '패디'는 북아일랜드까지 5시간 만에 날아가서 기쁜 소식을 널리 알렸어. 비둘기가 짧고 간단한 소식을 빠르게 전달해 주는 최고의 메신저였던 거야. 패디는 공로상까지 받은 최고의 비둘기가 되었단다.

명성을 잃어버린 비둘기

우편배달부 비둘기

오래전부터 비둘기는 먼 곳까지 날아가서 소식을 전하는 새로 이용되었다. 그것은 비둘기가 방향감각과 집으로 돌아오는 귀소 본능, 장거리 비행 능력이 뛰어나기 때문이다. 훈련을 잘 시킨 비둘기는 군사 작전까지도 훌륭하게 수행할 수 있다. 그러나 지금은 이메일과 스마트폰의 발달로 비둘기를 이용하는 일은 거의 없다.

우편배달부 비둘기*는 평화를 기원하는 상징으로 여겨지며 올림픽경기에 등장하는 등 오랫동안 사람들의 사랑을 받았어. 그러나 요즘엔 가까이 오는 것도 싫어할 만큼 해로운 동물로 취급 받고 있지. 그동안 소중한 동물로 보호만 받다 보니 그 수가 너무 불어난 데다

자동차, 거리, 사람 할 것 없이 배설물을 떨어뜨리고 깃털을 날려서 불쾌감을 주기 때문이야. 산책하러 공원에 갔다가 비둘기 똥을 머리에 맞았다고 생각해 봐. 기분이 어떨지 상상이 되지?

게다가 아무 곳에나 떨어진 비둘기 배설물에는 세균이 잔뜩

들어 있어서 폐렴, 폐질환, 뇌수막염 같은 질병까지 일으켜. 여기저기 풀풀 날리는 깃털은 아토피 피부염을 일으키고 말이야. 게다가 비둘기 배설물은 강한 산성이라 소중한 문화재를 부식시키기도 해. 종로 탑골공원에 있는 국보 제2호 원각사지 10층 석탑도 비둘기들이 하도 극성맞게 모여들어 앉고 여기저기 마구 배설물을 떨어뜨려 놓아서 결국 유리막을 씌워 보호하고 있단다.

사정이 이렇다 보니 이제 비둘기는 유해 야생동물로 지정되어 관리를 받고 있어. 평화의 상징이었던 비둘기가 도시의 천덕꾸러기가 되어 버린 것이지.

그런데 유해 야생동물로 지정되면 어떤 일이 일어나는지 아니? 그것은 누구나 마음대로 그 동물을 잡아도 된다는 뜻이야. 하지만 비둘기는 아무도 잡으려고 하지 않았어. 괜히 잡았다가 병이라도 옮을까 봐 말이야. 혹시라도 조류독감*에라도 걸리면 매우 위험해지거든. 그래서 비둘기는 직접 잡는 대신 알과 둥지를 수거하는 방법을 써서 관리를 하고 있단다.

> **조류독감 (조류 인플루엔자)**
> 조류독감은 닭, 오리, 칠면조 같은 조류 등에 감염되는 급성 바이러스 전염병이다. 우리나라에서는 전염병 중 가장 위험한 가축 전염병으로 분류할 정도로 매우 위험한 질병이다.

천덕꾸러기가 된 도시의 새

까치는 보은의 상징*으로 우리 조상들이 매우 아끼던 새였어. 가을에 과일을 딸 때에는 '까치밥'이라고 해서 몇 개는 남겨둘 만큼 신경을 쓰기도 했지. 하지만 지금은 비둘기처럼 유해 야생동물이 되고 말았어. 도대체 무슨 일이 있었던 걸까?

까치가 유해 야생동물이 된 가장 큰 원인은 정성껏 기른 작물과 과일을 마구 먹어 버려 수확을 망쳐 놓았기 때문이야. 물론 까치가 처음부터 이랬던 것은 아니야. 원래 까치는 작물이나 과수원에는 날아오지도 않았어. 하지만 도시화니 산업화니 해서 자연환경이 하루가 다르게 변하고 사라지다 보니 먹을 것을 찾기가 점점 어려워졌어. 영리한 까치는 먹이가 되는 곤충을 찾아 최선을 다해 주변을 기웃거렸지. 그러다가 농작물과 과수원을 발견한 거야. 결국 까치가 농작물을 먹게 된 것은 살아남으려는 몸부림이었던 것이지.

둥지를 전봇대에 틀게 된 사정도 그래. 둥지 지을 나무가 줄어들었기 때문이지. 그 바람에 까치는 정전 사고를 일으키는 골

> **보은의 상징 - 은혜 갚은 까치**
>
> 〈은혜 갚은 까치〉는 치악산 상원사에서 전해지는 옛이야기로, 새끼 까치를 구해 준 선비에게 어미 까치가 목숨을 바쳐서 은혜를 갚았다는 내용이다. 이렇게 해서 까치는 보은의 상징이 되었다.

환경 변화와 생물

 칫거리가 되어 버렸어. 자기 나름대로 어려운 상황을 이겨내려고 둥지를 틀었던 것인데, 그게 잘못된 것이지. 그러면서 한때 나라 새로 사랑받던 까치는 해로운 새가 되고 말았어.

 그래도 까치는 도시에 적응한 편이야. 까마귀나 제비, 참새는 까치와 달리 달라진 환경에 쉽게 적응하지 못했어. 까마귀는 총 든 포수까지 알아볼 정도로 매우 영리한 새야. 그러나 사는 환경이 바뀌자 적응을 못하고 그 수가 현저히 줄어들었어.

제비도 마찬가지야. 농약 살포로 먹이가 줄고 보금자리였던 논이 사라지자 이젠 거의 볼 수 없는 새가 되었어. 짹짹거리며 주변에서 흔히 볼 수 있는 새 가운데 하나인 참새도 곤충과 곡식이 줄자 그 수가 확 줄어들었어. 허수아비를 놀리며 알곡을 훔쳐 먹던 참새가 오히려 그리워질 정도로 말이야.

제비와 참새가 많은 해는 풍년이 든다는 말이 있어. 어미제비는 지지배배 울어대는 새끼를 위해 부지런히 곤충을 잡아서 나르거든. 이렇듯 곡식을 갉아먹는 해로운 벌레들을 제비와 참새가 잡아먹으니 곡식도 잘 자랐지. 그러니 풍년이 들었고.

하지만 지금 이 새들은 거의 사라지고 있어. 개발과 오염으로 곤충이 줄어들면서 소중한 새들이 우리 곁을 하나둘 소리 소문 없이 떠나가고 있어. 도심에 겨우 적응한 새들만 남겨둔 채 말이야. 아침이면 찌르르 짹짹 정답게 듣던 새소리도 조만간 들을 수 없다고 생각하니 마음이 답답하고 슬퍼져.

아름다운 새소리가 울려 퍼지는 지구

배설물을 떨어뜨리는 비둘기와 농작물을 먹어 치우는 까치 때문에 사람은 사람대로 골치가 아프지만, 도시의 천덕꾸러기

가 되어 버린 비둘기와 까치도 불행하기는 마찬가지야. 도시에서 살아남기 위해 비둘기와 까치는 매연에 찌들어 살면서 어떤 먹이도 먹어야 했어. 마땅한 먹이가 별로 없기 때문에 오염된

먹이까지도 먹고 견뎌야 했지. 비둘기와 까치는 중금속에 오염된 먹이도 먹고, 쓰레기도 뒤졌단다. 당연히 건강이 좋을 리가 없지. 도시에 사는 새들이 꼬질꼬질해 보이는 건 다 이유가 있었던 거야.

반면에 도시에 적응하지 못한 새들은 보기 힘들 정도로 숫자가 줄어들었어. 1970년 이후 40년 만에 우리나라 새 60여 종이 자취를 감추었어. 이렇게 새들이 없어진 가장 큰 원인은 자연환경 파괴와 기후 변화야. 환경 변화로 새들의 보금자리가 많이 사라졌거든. 인구가 많이 늘면서 오염도 심해져서 쉽게 도시에 적응할 수도 없었지.

지금까지 우리 인간이 환경을 잘 보존하고 가꾸었다면 비둘기는 아직도 평화의 상징이었을 거야. 까치도 반가운 소식을 전하는 좋은 친구였겠지. 까마귀, 참새, 제비도 그때처럼 우리 곁에 있었을 테고.

그럼 새를 보호하기 위해서 어떻게 해야 할까? 가장 중요한 건 서식처를 보존하는 거야. 나무를 심고 환경오염을 막아야 아름다운 새소리를 들을 수 있단다.

07 야생동물을 위협하는 밀렵

2010년에 경기도 고양시의 한 사슴 농장에서 반달가슴곰을 학대한 현장이 발각되었어. 잔인하게도 살아 있는 반달가슴곰에서 쓸개즙을 뽑은 거야. 농장 주인은 반달가슴곰 45마리를 사육하면서 엉덩이에 마취 총을 쏘아댔어. 반달가슴곰이 쓰러지면 초음파로 쓸개의 위치를 찾아 기다란 주사기를 깊숙이 찔러서 쓸개즙을 뽑아냈고.

쓸개즙을 뽑힌 반달가슴곰은 죽지는 않지만, 죽는 게 더 나을 만큼 큰 고통을 겪는다고 해. 그런데도 왜 농장 주인이 이런 잔인한 짓을 했냐고? 그건 쓸개즙이 건강에 좋다고 소문이 나서 찾는 사람들이 있기 때문이야. 게다가 비싼 가격에 팔 수 있거든. 결국 돈에 눈이 멀어 불쌍한 동물들을 잔인하게 학대했던 거야.

다행히 반달가슴곰을 괴롭힌 사람들은 모두 체포되었어. 그러나 다시 발생하지 않을 거라고는 장담 못해. 몸에 좋다면 무엇이든 먹는 사람이 아직도 많기 때문이지. 우리 몸에 좋다고 멀쩡하게 살아 있는 동물들을 괴롭히는 일이 더 이상 없었으면 좋겠다.

밀렵으로 위협 받는 야생동물

 반달가슴곰 뿐 아니라 노루, 꿩, 멧돼지, 너구리, 오소리, 까치, 살모사, 오리, 말똥가리 등 온갖 종류의 야생동물들이 몸에 좋다는 이유로 밀렵꾼들의 공격을 받고 있어. 고라니는 관절염에, 개구리와 뱀은 건강에 두루 좋다고 알려졌지. 천연기념물인 수달은 또 어떻고. 수달은 천연기념물로 지정되었는데도 여름철 보양에 최고라는 소문이 퍼지면서 바로 사냥꾼들의 표적이 되었단다.
 이 가운데 가장 큰 피해를 본 동물은 뱀이야. 보기만 해도 징그럽고 무서운 뱀이 큰 피해를 입었다니 믿어지지 않겠지만, 사실이야. 뱀 역시 먹으면 건강에 좋다는 소문이 나 있는 대표적인 보신용 야생동물이거든. 뱀을 먹으면 힘이 솟고 아픈 것도 치료된다나. 특히, 1970년대에는 구렁이가 건강에 좋다는 소문이 널리 퍼졌어. 그러자 돈을 벌려는 사람들이 온갖 방법을 다 동원해서 구렁이를 잡았지. 결국 구렁이는 수많은 사람들의 보신용으로 죽어갔어. 잡기만 하면 돈이 된다는 생각에 마구잡이로 잡은 데다 구렁이를 보호하려고 애쓰는 사람도 없어서 결국 구렁이는 지금 멸종 위기 야생동물이 되었어.

그런데 구렁이가 줄어들자 큰 문제가 생겼어. 쥐가 엄청나게 불어난 거야. 구렁이와 쥐가 무슨 상관이냐고? 아주 밀접한 관련이 있지. 구렁이는 쥐의 천적이야. 구렁이가 1년에 잡아먹는 쥐만 해도 100여 마리가 넘어. 그런 구렁이를 몸에 좋다고 마구 죽였으니 쥐들만 살판났지 뭐. 그러고 보니 옛날 우리 조상들이 구렁이를 귀중한 곡식을 지켜주는 수호신으로 믿고 보호하던 이유를 조금은 알 것 같다.

구렁이가 사라진 것은 비단 밀렵이 전부는 아니야. 개발로 초가집과 돌담 같은 것이 사라진 것도 구렁이를 지금의 상태로 만든 원인이지. 이곳들은 구렁이가 살았던 보금자리였어. 뿐만 아니라 구렁이가 알을 낳는 장소였던 볏짚더미까지 없어지면서 구렁이는 점점 씨가 말라갔지.

환경 변화와 생물

비무장지대(DMZ)

비무장지대는 휴전선 근방을 말한다. 사람이 근접하지 못하기 때문에 멸종 위기 동물은 물론 다양한 생물이 발견되고 있다.

지금은 사람이 맘대로 올 수 없는 휴전선 비무장지대(DMZ)*에서만 겨우 명맥을 유지하며 살고 있어.

그러나 비무장지대도 안전하지는 않아. 밀렵꾼들이 호시탐탐 노리고 있거든. 이러다가는 호랑이처럼 구렁이도 우리 땅을 완전히 떠날 날이 얼마 남지 않은 것 같아 너무 안타까워.

숲을 죽이고 동물을 멸종시키는 밀렵

건강에 좋다는 소문만 나면 사람들은 먹지 못하는 게 없어. 곰 쓸개즙은 물론이고 곰 발바닥과 노루 피까지 계속 찾는다고 있다고 해. 문제는 아직까지도 야생동물을 먹으면 건강해진다고 굳게 믿는 사람들이 많다는 거야. 이 사람들은 비싼 값을 치르고서라도 이런 것들을 먹으려고 해. 이럴수록 밀렵꾼들도 극성을 부리지. 돈벌이에 눈이 먼 밀렵꾼들은 돈이 된다면 세계 멸종 위기 종까지도 아랑곳하지 않고 사냥을 해.

그 대표적인 동물이 호랑이야. 신화, 전설, 속담, 격언, 민담의 주인공이자 세계 멸종 위기 종인 호랑이도 밀렵꾼을 피할 수 없었어. 호랑이 뼈가 몸에 좋다고 철썩 같이 믿는 중국인들은 호랑이로 술까지 담갔다니 말 다했지 뭐.

밀렵꾼들의 야생동물 사냥은 여기서 그치지 않았어. 밀렵꾼들은 전 세계 어느 곳이든 돈이 될 만한 동물이 있으면 꼭 찾아서 잡아내. 아프리카코끼리도 이런 극성스런 밀렵꾼들에 의해

멸종 위기에 처해 있어. 그런데도 상아를 노린 밀렵꾼은 아프리카코끼리를 지금도 계속 사냥하고 있어. 이런 추세라면 아프리카코끼리는 2020년이 되면 완전히 멸종될 거라는 불행한 전망까지 나돌고 있어.

특히 겨울은 밀렵이 극성을 부리는 때야. 야생동물들이 추운 겨울에는 먹을 것을 구하기 어렵다 보니 산 아래로 곧잘 내려오거든. 눈이라도 내리는 날엔 야생동물의 이동 경로가 쉽게 드러나서 사냥하기가 더욱 좋지. 이 사실을 너무나 잘 알고 있는 밀렵꾼들은 겨울철만 되면 사냥에 더욱 힘을 쏟아. 때로는 등산객까지 걸려서 위험에 빠지는 경우도 있단다. 그래서 겨울철에는 밀렵을 더 집중적으로 단속해. 하지만 밀렵꾼들이 숲 여기저기에 발 딛을 틈조차 없게 놓아 둔 덫을 찾아서 제거하기는 거의 불가능해.

우리나라에 설치된 밀렵 도구만 해도 그 수가 자그마치 80만 개가 넘는다고 하니 거두어들이기는 엄두도 못 내. 이렇게 헛소문 때문에 우리나라 숲 전체는 넘쳐나는 밀렵 도구로 야생동물을 죽음으로 몰아넣고 있단다.

밀렵 동물의 밝은 미래

밀렵이 계속되면서 해마다 무수히 많은 야생동물들이 귀중한 생명을 잃고 있어. 이제는 야생동물을 찾아보기가 어려울 정도로 말이야. 우리나라의 야생동물의 수는 세계 155개국 중 131위에 그칠 정도로 거의 멸종되고 없어. 밀렵꾼들과 무분별한 개발이 우리나라 숲을 동물이 없는 적막한 숲으로 만들어 버린 거야.

그렇다고 손놓고 보고만 있을 수는 없지. 귀중한 야생동물을 보호하고 살아갈 수 있게 하는 방법을 찾아야만 해. 무엇보다 서식처와 먹이, 물과 둥지, 잠자리와 피난처 등을 늘려 주는 보호 활동이 필요해. 야생동물을 먹는 사람을 처벌하고, 사냥하면 처벌 받는 동물로 지정하여 보호할 수 있도록 적극적으로 홍보하고 교육도 해야 돼. 야생동물이 건강에 좋다는 헛소문을 바로잡는 것도 급한 일이야.

현재 우리나라는 숫자가 급격히 줄어든 양서류와 파충류를 보호하기 위해 이들 전체에 대해 포획과 수출을 금지하고 있어. 그러나 이 사실을 제대로 알고 있는 사람은 별로 많지 않은 것 같아. 야생동물이 귀중한 생명이며 중요한 생물 자원이라는 걸 많은 사람들에게 알려야 해. 더불어 자연은 인간의 소유가 아니라 지구에 살고 있는 모든 생물이 함께 사용하는 공간이라는 사실도 알려야 하고 말이야.

우리 숲, 들, 산에서 야생동물들이 안전하게 뛰어노는 모습을 보고 싶다.

08 꿀벌 실종 사건

2006년에 미국 플로리다에서 꿀벌이 한꺼번에 사라지는 일이 일어났어. 벌통에 가득 있어야 할 꿀벌이 하나도 보이지 않는 거야. 농부들은 어리둥절했지. 사라진 꿀벌은 죽었는지 살았는지 확인도 되지 않은 채 끝내 돌아오지 않았어. 그런데 이런 현상이 미국 50개 주 가운데 24개 주에서 똑같이 일어났어. 뿐만 아니라 2007년에는 캐나다, 브라질, 프랑스, 영국, 독일, 이탈리아, 일본 등 전 세계에서 동시에 이런 일이 벌어졌지.

꿀과 꽃가루를 모으러 나간 일벌이 실종되자 벌통에 남아 있던 여왕벌과 아기꿀벌은 위험에 처했어. 먹이도 가져다 주고, 보육하고, 집짓는 일까지 모든 일을 도맡아서 하던 일벌이 돌아오지 않으니 여왕벌과 아기꿀벌은 꼼짝없이 죽을 처지가

되었지. 결국 꿀벌 집단 전체가 죽게 되는 '꿀벌군집붕괴현상(C.C.D)'이 일어나고 말았단다.

우리나라도 예외는 아니었어. 꿀벌이 엄청나게 줄어들었거든. 원인도 모른 채 사라진 꿀벌을 바라보며 사람들은 불안해졌어. 대체 꿀벌은 어디로 간 걸까?

바이러스에 걸린 꿀벌

　곤충 중에는 함께 모여서 생활하는 종류가 있어. 그중 가장 잘 알려진 게 꿀벌이야. 여왕벌, 일벌, 수벌이 각자 맡은 역할에 최선을 다해야 꿀벌 사회가 건강하게 유지될 수 있지.
　그런데 요즘 가장 중요한 역할을 해야 될 일벌이 집단으로 실종되는 일이 심심찮게 일어나면서 꿀벌 사회가 급속히 무너지고 있어. 도대체 꿀벌들한테 무슨 일이 생긴 걸까?
　전 세계의 곤충학자, 세균학자, 화학자, 물리학자 등의 전문가들은 꿀벌의 실종 원인을 밝히려고 최선을 다해 연구했어. 그러나 안타깝게도 정확한 원인을 찾지 못했단다. 단지 전자파,

환경오염물질, 살충제, 기후 변화, 유전자변형작물, 바이러스 등이 원인일 거라고 추정만 하고 있어.

  처음엔 전자파가 가장 유력해 보였어. 전자파에 약한 꿀벌이 방향을 찾지 못해 집으로 돌아오지 못하는 일이 종종 일어나거든. 그러나 전자파를 연구할수록 꿀벌 집단이 실종하는 현상을 원인으로 보기에는 뭔가 부족했어. 전자파의 영향을 받지 않은 꿀벌들도 다양한 질병을 한꺼번에 앓고 있었거든. 뿐만 아니라 꿀벌은 질병을 이겨낼 수 있는 면역체계가 아예 망가져 있었어.

그때 꿀벌이 바이러스에 감염되는 일이 발생했어. 몸이 약해진 꿀벌은 약한 바이러스에도 모두 비틀거리며 죽어갔지. 똑같은 감기가 걸려도 몸이 약한 친구가 심하게 아픈 것처럼 말이야.

그렇다면 꿀벌의 면역력은 왜 그토록 약해진 걸까? 그것은 많은 스트레스 때문이었어. 양봉 꿀벌은 들판의 꽃을 찾아 자유롭게 날아다니지 못하고 꽃가루받이*를 위해 벌통에 갇힌 채 실려 다녀야 해. 꽃꿀 대신 옥수수 시럽을 먹어야 하고, 살충제와 항생제를 맞아야 해. 양봉 꿀벌은 가축처럼 사육 당하고 있었던 거야. 그 스트레스로 약해졌고, 결국 약한 바이러스에도 쉽게 감염되어 모두 죽었던 거였어.

> **꽃가루받이(수분)**
>
> 수꽃의 꽃가루가 암꽃에 옮겨지는 현상을 꽃가루받이(수분)라고 한다. 충매화는 곤충, 풍매화는 바람, 조매화는 새, 수매화는 물에 의해 꽃가루받이가 이루어진다.

2010년에는 토종꿀을 만드는 재래 꿀벌에게도 문제가 생겼어. 양봉 꿀벌과 마찬가지로 바이러스에 걸린 거야. '낭충봉아부패병'이라는 바이러스에 걸려서 70~95퍼센트가 한꺼번에 죽고 말았지. 너무 많이 죽어서 앞으로 재래 꿀벌을 다시 사육할 수 있을지도 의문이야.

꿀벌이 만든 탐스런 열매

꿀벌이 사라지자 사람들은 생활에 불편을 느끼기 시작했어. 벌꿀은 물론이고 로열젤리, 봉독, 프로폴리스 등을 더 이상 만들 수 없게 되었거든. 게다가 시원하고 달콤한 아이스크림을 만드는 데도 비상이 걸렸어. 맛 좋은 고급 아이스크림은 벌꿀을 넣어 만들거든.

그러나 정말 심각한 문제는 식물들이 열매를 맺지 못해 번식을 할 수 없게 되었다는 거야. 식물은 꽃을 찾아다니는 꿀벌이 꽃가루를 옮겨 주어야 탐스런 열매도 맺고, 번식도 할 수 있어. 벌꿀이나 로열젤리는 없어도 되고, 아이스크림은 안 먹으면 돼. 하지만 수많은 식물이 열매를 맺지 못하게 되면 보통 큰일이 아니야.

우리가 먹는 식량의 3분의 1은 곤충이 꽃가루를 옮겨 주는 수분 활동에 의해 생산돼. 그 가운데서도 80퍼센트를 꿀벌이 만들어 주지. 그런데 꿀벌이 사라지고 있으니, 우리는 곧 아무것도 수확할 게 없어진다는 얘기야.

꿀벌 없는 지구의 미래

꿀벌과 식물의 번식

아인슈타인은 '지구에서 꿀벌이 사라지면 인류도 4년 안에 사라질 것이다.'라고 했다. 꿀벌이 식물의 번식에 얼마나 중요한 역할을 하는지 알 수 있는 말이다.

앞으로도 계속 꿀벌이 사라진다면 지구는 어떻게 될까? 아인슈타인* 박사가 예언한 것처럼 우리 인간도 멸종하게 될지도 몰라. 꽃가루받이에 문제가 생긴 식물들은 제대로 번식을 할 수 없고, 그렇게 되면 식물을 먹고 사는 초식동물이 위험해져. 초식동물이 죽으면 그 동물을 먹고 사는 육식동물도 잘 살 수 없지.

꿀벌 실종 사건은 꿀벌 하나만의 문제가 아니야. 꿀벌이 멸종되면 지구 생태계의 먹이피라미드가 와르르 무너지게 되는 거야. 지구에서 살아가는 모든 생물은 서로 밀접한 관련을 갖고 있기 때문이지.

그렇다면 어떻게 해야 꿀벌을 살릴 수 있을까?

쓸모없다고 베어 내던 꿀벌의 주식인 아카시아를 보호하고, 지구온난화도 줄여서 꽃이 한꺼번에 피는 것을 막아야 해. 꽃들이 동시에 피면 꿀벌이 꿀을 딸 수 있는 시간이 줄어들잖아. 그리고 꿀벌이 다시 활기차게 날아다닐 수 있도록 전자파 같은 것도 줄이는 등 이제부터라도 관심을 가지고 도와주어야 해.

2부 환경을 지켜 주는 생물

01 물을 정화시키는 수생식물

　오락가락 변덕이 심한 사람을 보고 흔히 '갈대 같다'고 해. 물위로 길게 뻗은 잎과 줄기가 바람에 이리저리 흔들리는 갈대의 모습이 마치 변덕 심한 사람의 마음 같다고 본 모양인데, 갈대가 하는 일을 알면 이런 말을 쉽게 못할 거야.

　물위에 떼를 지어 자라는 갈대는 그 자체가 장관이기도 하지만, 무엇보다 오염된 물을 깨끗하게 만들어 주는 능력이 있어. 갈대가 물을 오염시키는 물질을 먹고 살거든.

그러나 가을이 지나면 갈대는 죽어서 볼품없게 변해 버려. 이럴 때에는 더 이상 물을 깨끗하게 만들지 못해. 오히려 썩어서 물을 오염시키지.

썩기 전에 잘 관리하면 되지만, 그게 말처럼 쉬운 일이 아니야. 일일이 손으로 베어내기엔 갈대밭이 너무나 넓고, 기계를 사용하자니 비용이 너무 많이 들고 말이야.

그런데 다행히 최근에 좋은 방법을 찾아냈어. 갈대를 고급 사료로 만드는 기술이 개발되었거든. 품질 좋은 한우로 기르기 위해서 사료 업체들이 너 나 할 것 없이 갈대를 베어갔어. 그러자 수질오염과 집중호우로 하천이 넘치는 것도 없어졌지. 갈대, 쓸모가 참 많지?

물에서 사는 수생식물

물을 터전 삼아 살아가는 식물을 '수생식물'이라고 해. 물속에 뿌리를 내리는 갈대는 보통 대규모로 갈대밭을 이루는 경우가 많아. 살랑 부는 바람에 춤추는 갈대, 그리고 그 위를 날아다니는 잠자리를 보노라면 가을 정취가 절로 느껴지지.

수생식물들은 습지와 하천, 연못과 도랑처럼 물이 있는 곳이면 어디든지 살고 있어. 고마리, 부들, 부레옥잠, 개구리밥, 수련, 연 등은 모두 물을 터전으로 생활하는 식물이야.

그런데 수생식물마다 물에서 생활하는 위치가 조금씩 달라. 물위에 떠 있는 수생식물도 있고, 물속에서 살기도 해. 때로는 물 중간에 걸쳐서 살아가는 종류도 있단다. 물에서 생활하는 위치에 따라 추수식물, 부엽식물, 부유식물, 침수식물로 구분할 수 있어.

추수식물은 뿌리는 물속에 있지만 잎과 줄기가 수면 위로 나오는 수생식물을 말해. 갈대, 줄, 매자기, 부들, 미나리, 꽃창포, 줄풀 등이 여기에 속하지. 부엽식물은 수심 1~3미터에 살면서 잎은 수면에 있고 뿌리는 수중 바닥에 있는 식물로, 연꽃, 수련, 가시연꽃 등이 있어.

추수식물
갈대

부엽식물
연꽃

부유식물
부레옥잠

침수식물
검정말

부유식물은 말 그대로 수면에 둥둥 떠 있는 식물이야. 부레옥잠, 수생히아신스, 물옥잠, 생이가래, 개구리밥 등이 여기에 속해. 침수식물은 물속에 가라앉아 있는 식물로, 자세히 살펴야만 찾을 수 있어. 나사말, 검정말, 말즘, 캐나다 물풀 등이 있어. 물가에는 버드나무와 갯버들 등의 수질 정화 나무가 살고 있어.

수생식물의 정화 능력

모든 수생식물들은 물을 깨끗하게 만드는 능력이 있어. 어떻게 그럴 수 있냐고? 바로 수생식물들의 먹이가 물속 오염 물질이거든. 이렇게 수생식물들이 오염 물질을 먹어 치운 덕분에 물고기와 물에서 사는 곤충들은 안전하게 살 수 있는 거야.

수생식물마다 분해시키는 오염 물질의 종류도 달라. 갈대는 다양한 독성 유기 물질을 분해시키는 능력이 좋고, 좀개구리밥, 부들, 생이가래, 박하, 노랑어리연꽃은 오염 물질의 대표인 질소와 인을 효과적으로 제거해. 미나리와 수생히아신스는 카드뮴, 납 같은 매우 위험한 중금속까지도 분해시키지. 애기부들과 꽃창포는 생활하수를 맑게 정화시키는 능력이 좋아. 부레옥잠,

부들, 줄, 토란, 꽃창포는 냄새가 심한 축산 폐수까지 깨끗하게 만들어 준단다. 따라서 다양한 수생식물을 잘 활용하면 심각한 수질오염을 막을 수 있어.

그러나 수생식물이 물을 깨끗하게 만든다고만 생각하면 절대 안 돼. 갈대처럼 죽어서 썩게 되면 도리어 물을 오염시키기도 하거든. 그래서 겨울철, 수생식물이 죽으면 잘 관리하는 게 매우 중요해.

환경을 지켜 주는 생물

물위에 둥둥 뜨는 부레옥잠도 축산 폐수를 깨끗하게 만드는 정화 능력이 뛰어나지만 죽게 되면 물을 매우 오염시켜. 더구나 외국에서 들여온 수생식물이어서 우리나라 환경에 적응하지 못하고 쉽게 죽기도 해. 따라서 물을 맑게 하려면 우리나라에서 나고 자라는 수생식물이 좋아. 갈대, 줄, 물억새 등의 벼과 식물을 잘 활용하면 맑은 물을 유지할 수 있단다.

수생식물의 낙원, 습지

수생식물이 가장 많이 사는 곳은 어디일까? 수생식물의 낙원은 바로 습지야. 우리나라에서 가장 유명한 습지*는 람사르 습지로 지정된 창녕 우포늪*과 대암산 용늪이 있어. 철새로 유명한 순천만 갯벌도 빼어난 자연경관을 자랑하는 멋진 곳이지.

습지 습지는 육지와 물을 이어주는 중간 단계의 생태계로, 강에서 바다로 흘러 나가는 오염된 물을 깨끗하게 만들어 주는 매우 중요한 역할을 한다. 따라서 습지가 오염되면 바닷물까지도 급격하게 오염되기 때문에 관리를 잘해야 한다. 또한 습지는 오랜 세월 동안 쌓인 퇴적물로 수생식물이 매우 잘 자라는 곳이다. 해양 생물의 약 60퍼센트가 알을 낳고 서식하는 곳이며, 어업 활동의 90퍼센트가 습지에 의존하고 있을 정도로 매우 중요한 생물의 터전이다.

습지는 비가 많이 내리면 물을 저장하는 저수지 역할도 한다. 물 흐름을 더디게 만들어서 홍수 발생도 막아 주고, 댐과 저수지 역할까지 하기 때문에 생활용수와 농업용수로도 이용되어 왔다. 그 외에도 어패류 양식장, 수상 놀이, 기후 조절 기능까지 하는 등 매우 중요한 곳이다.

우포늪 우포늪은 우리나라에서 가장 유명한 습지다. 지형이 마치 '소의 목' 같다고 해서 '우포늪'이라고 붙여졌다. 1억 4천만 년 전 빙하가 녹으면서 낙동강 일대가 범람하고 지형이 변하면서 만들어졌다.

 이걸 알고 있니?

바이오 에너지 원료 작물이 된 갈대

바이오 에너지는 작물을 이용해서 만든 에너지를 말해. 주로 외국에서는 옥수수와 콩으로 만들고 있지. 그러나 옥수수와 콩은 원료로 쓰기에 효과는 좋지만, 곡물 가격이 비싸지면 사용하기 힘들다는 단점이 있어.

그런데 다행히 최근에 갈대와 억새를 바이오 에너지 작물로 활용할 수 있다는 연구가 나오면서 새롭게 주목 받고 있어. 갈대와 억새는 우리나라가 유전자를 확보하고 있는 식물이어서 더 중요해. 추위와 가뭄을 잘 견디고 노화되는 속도를 더디게 하는 연구를 통해 생산량을 늘리면 훌륭한 바이오 에너지 원료 작물이 될 수 있다고 해.

또 갈대로 음료, 죽, 스프까지도 개발하고 있어. 별로 주목 받지 못했던 쓸모없던 갈대에 보석 같은 보물이 숨겨져 있었던 거야.

가을 정취를 물씬 풍기게 해 주는 갈대가 새로운 자원을 만드는 희망이 되고 있단다.

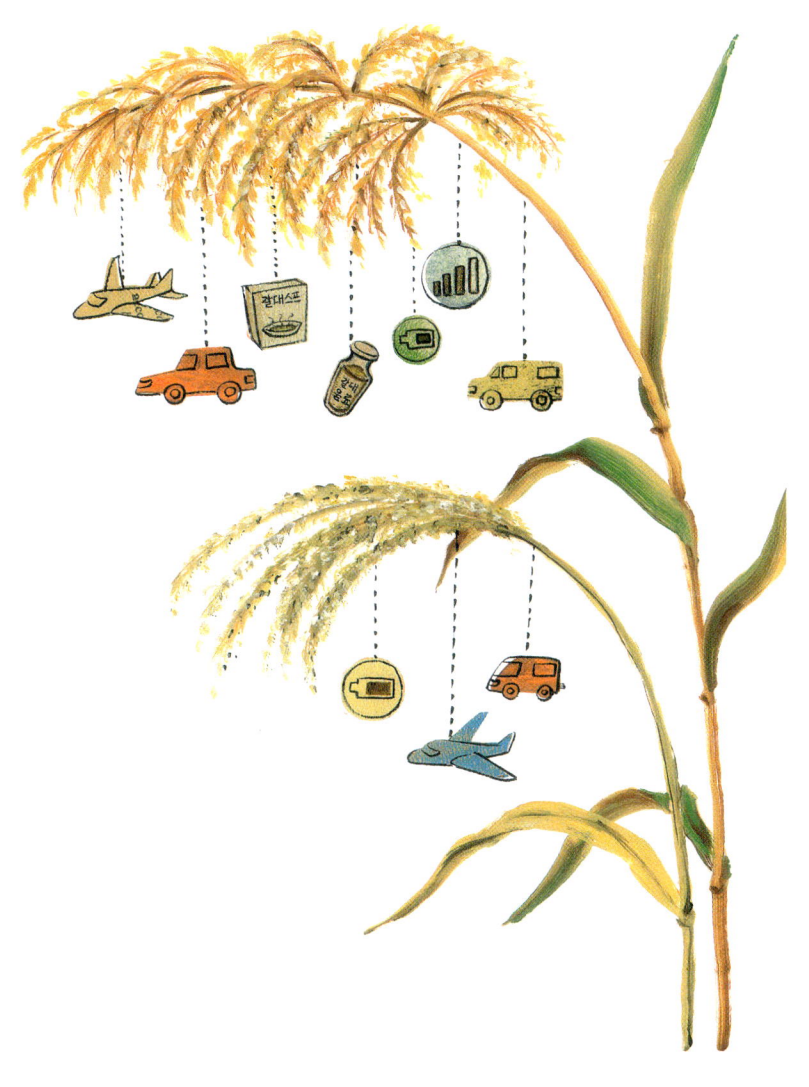

환경을 지켜 주는 생물			103

02 토양 생태계를 지키는 공벌레

툭 건드리면 몸을 둘둘 마는 벌레가 있어. 몸을 둥그렇게 만드는 재주를 가진 공벌레인데, 모습이 콩처럼 보인다고 해서 '콩벌레'라고도 해.

공벌레가 몸을 동그랗게 마는 건 적으로부터 자신을 보호하기 위해서야. 고슴도치가 위험을 느끼면 가시를 솟구쳐 동그랗게 말듯 공벌레도 손으로 살짝 건드리면 소스라치게 놀라며 몸을 둥글게 말아. 그러고는 꽤 오랜 시간을 버틴단다. 한참 뒤, 적이 사라지고 아무런 위험이 없다고 판단되면 그때서야 다리를 바르르 떨며 깨어나지.

원래대로 돌아간 공벌레를 다시 한 번 건드리면 또 동그랗게 변하는데, 이때에는 깨어나는 시간이 처음보다 2~3배는 더 걸려. 위험하다고 느낄수록 더 오랫동안 웅크리고 있는 것이지.

그동안 공벌레는 해충으로 잘못 알려져서 수난을 많이 당했어. 단순히 생김새만 보고 해충인 쥐며느리인 줄 알고 텃밭이나 화단 주변에 얼씬거리면 모두 죽여 버리곤 했단다. 그런데 알고 보니 지렁이처럼 공벌레도 흙에 구멍을 뚫고 다니면서 토양을 부드럽게 만드는 일등 공신이었어. 게다가 공벌레는 작물은 절대 먹지 않고, 죽은 벌레나 곰팡이를 먹고 살아. 공벌레, 알수록 쓸모 있고 유용한 벌레지!

쥐며느리 때문에 오해 받은 공벌레

공벌레*는 땅을 기름지게 만들어 주는 우리에게 이로운 동물이야. 그런데도 오랫동안 쥐며느리* 때문에 해로운 곤충으로 오해 받아 왔단다. 얼핏 보면 쥐며느리와 공벌레는 닮았어. 하지만 조금만 들여다 보면 전혀 다르다는 걸 알 수 있지. 공벌레는 불룩한 반원형이지만 쥐며느리는 납작해. 더 정확히 구별하고 싶으면 한번 건드려 봐. 조금만 건드려도 공벌레는 몸을 둥글게 말

공벌레

공벌레는 몸길이 14밀리미터 정도의 작은 절지동물이다. 가재나 새우처럼 갑각류에 속하기 때문에 생김새가 곤충과는 많이 다르게 생겼다. 일곱 마디로 된 가슴에는 다리가 한 쌍씩 달려서 다리가 총 14개이고, 더듬이도 곤충과 달리 2쌍이다.

지만, 쥐며느리는 이런 재주가 없어.

그러나 그동안에는 공벌레와 쥐며느리를 구별하려고 굳이 애쓰는 사람이 없었어. 그러다 보니 공벌레를 쥐며느리로 알고는 눈에 보이는 족족 죽였단다. 특히, 공벌레와 쥐며느리 둘 다 습기가 많은 곳에서 함께 발견되기 때문에 구별이 더욱 안 되었지. 하지만 좀 더 자세히 관찰해 보면 공벌레는 마당에서만 살지만, 쥐며느리는 방 안 벽이나 문틈에서도 발견된다는 걸 알 수 있어. 게다가 쥐며느리는 농작물 뿌리를 갉아먹어서 문제를 일으키는 해충이야. 작물을 잘 자라게 도와주는 공벌레와는 정반대인 셈이지. 그런데도 쥐며느리와 같은 해충 취급을 당하고 있으니 공벌레가 진짜로 억울하고 속상하겠다. 그래도 공벌레는 오늘도 자기가 할 일을 열심히 하면서 살고 있어.

"공벌레, 파이팅!" 하고 외쳐 줄까?

> **쥐며느리**
>
> 쥐며느리는 공벌레와 같은 갑각류의 동물이다. 몸길이는 10~11밀리미터로 공벌레보다 약간 작고 납작한 편이다. 눅눅한 곳에서 식물의 뿌리나 썩은 물질을 먹고 사는 해충이다.

공벌레 — 너 때문에 우리가 오해 받잖아.

쥐며느리 — 참아. 난 너희처럼 둥글게 마는 재주가 없잖아.

토양은 다양한 생물들의 삶터

토양 생물

토양 생물은 땅 표면이나 땅 내부에 살고 있는 생물들을 통틀어 일컫는 말이다. 토양 생물 중 가장 많은 건 곤충류, 거미류, 갑각류, 다지류 등의 절지동물이다.

공벌레, 지렁이, 땅강아지 같은 토양 생물*은 흙을 부드럽게 해서 땅을 기름지게 만들고, 자연 생태계 먹이사슬에서 1차적인 먹잇감으로도 훌륭한 역할을 하고 있어. 지렁이, 공벌레, 땅강아지가 있어야 두더지가 살 수 있고, 그래야 또 그것을 먹고 사는 생물들이 살아 갈 수 있어. 그런데 점점 개발에 밀려 토양 생물들이 모두 죽거나 다른 살 곳을 찾아 떠나고 있어. 이들이 사라지면 토양이 나빠져서 나무와 들풀도 영향을 받아. 오염된 토양에 비가 내리면 하천으로 오염 물질이 흘러들어가서 수질오염도 발생하지.

특히 해충을 죽이는 살충제는 수많은 토양 생물을 죽인단다. 살충제를 뿌리는 건 정말 어리석은 짓이야. 물론 살충제를 뿌리면 해충이 줄어드는 효과는 있어. 그러나 얼마 못 가서 후회할 수밖에 없지. 작물까지 살충제에 오염되는 데다 정작 해충들은 독한 살충제까지도 이겨내고 살아남거든. 결국 토양에 유익한 생물만 죽이는 꼴이 되는 셈이지.

좋은 토양에서 자라는 작물에는 해충들이 갑자기 발생하는 일도 없어. 수많은 천적이 해충들을 잡아먹거든. 그러면 굳이 농약 같은 살충제를 뿌리지 않아도 작물을 생산할 수 있으니 우리 몸에 좋은 친환경 농산물도 수확할 수 있지. 지금부터라도 좋은 농산물을 만들어 주는 고맙고 유익한 토양 생물들을 잘 보살피고 보호해 주자꾸나.

03 봄의 불청객, 황사

언제부터인가부터 봄만 되면 달갑지 않은 손님이 우리나라를 찾아와. 바로 중국에서 날아오는 모래먼지, 황사야.

황사가 심한 날은 마스크를 쓰고 있어도 소용이 없어. 최근에는 일본 대지진으로 원자력 발전소가 붕괴되어 방사능까지 누출되는 바람에 공기 오염이 더욱 심각해졌어. 방사능은 눈, 호흡기, 피부 질병까지 일으키는 무서운 물질이야.

요즘에는 황사와 방사능이 합쳐진 '황사능'이란 말도 새로 생겨났어. 황사능이 한꺼번에 날아온다고 생각해 봐. 생각만으로도 끔찍하지 않니? 그런데도 대책을 세우는 곳에서는 무조건 괜찮다고만 해. 체르노빌 방사능 유출 때에도 똑같은 말만 반복했다는 걸 이미 다 알고 있는데 말이야.

무서운 황사능 걱정만 하다가 화창한 봄이 쏜살같이 지나가 버리고 말았어.

대기를 오염시키는 물질

공기 오염이 제일 심한 곳은 어디일까? 맞아. 빌딩이 많은 대도시와 공장이 들어선 산업 단지가 가장 심각해.

대도시는 갈수록 교통량이 늘면서 대기 오염이 매우 심해졌어. 그런데도 사람들은 대도시로만 몰려들지. 아무래도 주요 건물과 생활 편리 시설들이 몰려 있으니까 그럴 수밖에 없긴 해. 그렇지만 많은 사람들이 몰려서 살다 보니 이런저런 환경 문제가 심각해.

자동차 배기가스는 미세 먼지 농도를 계속해서 높이고 있어. 산업 단지에서 발생하는 지독한 매연은 도시 공기를 탁

하게 만들어. 우리가 사용할 편리한 제품을 만들기 위해 어쩔 수 없는 일이긴 하지만, 공장 굴뚝의 연기는 대기 오염의 주범이야. 거기에 황사능까지 발생하면서 대기 오염은 최악의 상황이 되었단다.

　대기 오염을 알려 주는 표지판에는 늘 오존 농도가 표시되고 있어. 오존은 자외선을 차단해 주는 좋은 물질 아니냐고? 그래, 그 말도 맞아. 그러나 자외선을 막아 주는 오존은 하늘 높은 성층권에 있는 오존*이야. 지표면에서 만들어지는 오존은 대기 오염을 일으키는 물질일 뿐이지.

　오존 농도가 높으면 불쾌감, 두통, 숨이 막히는 현상이 일어나. 노약자와 영유아는 기관지염, 심장병, 폐기종, 천식도 악화될 수 있어. 아주 심각해지면 뇌졸증으로 사망률이 증가하기도 한단다.

　자동차는 배기가스를, 산업 시설에서는 질소산화물을 내뿜어. 이런 물질들이 태양 광선과 반응하면 오존이 만들어지지. 특히, 25도 이상의 기온과 75퍼센트 이하의 습도에서는 공기가 자유롭게 움직이지 못해서 오존 농도가 가장 심해지지. 그래서 무덥고 습한 여름철이 가장 문제가 되는 거란다.

> **자외선을 차단하는 성층권의 오존**
> 지구 대기권은 대류권, 성층권, 중간권, 열권으로 구분된다. 성층권에 있는 오존은 자외선을 차단해서 피부암 등을 예방하여 사람에게 도움을 준다.

오존주의보가 발령되면 호흡기 환자, 노약자, 유아는 밖으로 나가지 않는 게 좋아. 그러면서 대기 오염 전광판, 라디오, 아파트 자체 방송, 트위터 등을 통해 경보 상황에 주의를 기울여야 한단다.

공기를 맑게 하는 초록 천사, 가로수

거리를 걷다 보면 길가에 나무들이 쭉 심어져 있는 걸 볼 수 있을 거야. 그래, 가로수야. 이 가로수가 얼마나 중요한 일을 하는지 아마 잘 모를 거야. 어쩌면 삭막한 도시를 보기 좋게 꾸미는 정도로만 알고 있을지도 모르겠다.

가로수는 보기에도 좋지만, 그것보다는 도시의 공기 오염을 줄이는데 큰 역할을 해. 은행나무, 벚나무, 느티나무, 버즘나무 같은 가로수들은 화사하게 피어나는 벚꽃이나 가을에 노랗게 익은 은행잎으로 우리 눈을 즐겁게 해 주지만, 도로를 오가는 자동차들이 내뿜는 이산화탄소 같은 유해 물질들을 흡수하여 정화시키는 데 커다란 역할을 해.

그럼 대표적인 가로수들에 대해서 살펴볼까?

나뭇잎 모양이 튤립을 닮아서 튤립나무, 또는 백합나무라고도 불리는 튤립나무는, 비록 외래종이지만 오존 정화 능력이 매우 뛰어나서 대도시와 공원에 가장 적합한 가로수로 꼽혀. 그러나 오존 농도가 너무 높으면 튤립나무도 소용없어. 오존 오염이 심각하면 튤립나무조차도 제대로 살 수 없거든.

 그래서 오존 농도가 매우 높은 곳에는 은행나무를 심어. 은행

나무는 독성 물질에 가장 잘 견디는 가로수 가운데 하나야. 공기 오염이 심각한 산업 단지 주변에 은행나무가 많은 건 다 이런 이유 때문이지.

최근에는 마로니에도 인기가 높아. 이 나무는 유럽 남부 지역이 원산지인 외래종인데, 큰 손바닥 모양의 잎이 일곱 개 달려 있어서 '칠엽수'라고도 해. 이미 세계 4대 가로수에 포함되어 있는 매우 유명한 가로수야. 새로 심어도 빨리 자라서 바로 공기 정화 능력을 발휘한단다. 가로수, 공원수, 장식수, 녹음수로 많이 심어.

나무가 주는 고마운 숲의 향

나무는 공기를 정화시키는 역할도 하지만 사람에게 좋은 물질도 분비해. 숲에서 삼림욕을 하면 스트레스가 줄어드는 것도 그 때문이지.

도대체 나무가 어떤 물질을 내뿜기에 스트레스가 줄어드는 걸까? 나무는 피톤치드*라는 살균성 강한 물질을 방출해.

숲의 향 피톤치드

피톤치드는 식물을 의미하는 피톤과 살균력을 뜻하는 치드가 합성된 말이다. 숲 속의 식물이 병원균, 해충, 곰팡이에 저항하려고 내뿜는 살균성 물질이다. 숲 속에 들어가면 향긋한 나무 향이 풍기는 것은 바로 이 피톤치드 때문이다.

피톤치드는 스트레스 해소 뿐 아니라 기관지 천식과 폐결핵 치료에도 도움이 돼. 유용한 효능을 갖고 있는 피톤치드를 활용한 공기청정기, 방향제, 식품 보관 등 아이디어 상품도 계속 나오고 있어. 무서운 암에 걸려서 더 이상 치료받기 힘든 사람들도 마지막 희망으로 숲을 많이 찾아.

그러나 어리석은 인간은 이런 숲의 고마움을 알지 못하고 마구 훼손하고 있어. 나무를 베어 내고, 각종 개발을 하면서 병들고 망가진 숲이 하루가 무섭게 늘어나고 있지. 지구의 허파라고 불리는 무성한 아마존 밀림과 아시아의 허파 캄보디아 숲도 예외없이 인간들의 탐욕으로 몸살을 앓고 있어.

숲이 파괴되어 나무가 줄어들면서 지구 전체의 공기 오염은 갈수록 심각해지고 있어. 숲이 파괴되면 병드는 사람들이 늘어나고 다른 생물들도 제대로 살 수 없어. 숲의 향기가 가득 넘치는 푸른 지구를 지킬 때 인간도 행복하게 살 수 있다는 걸 왜 모르는 걸까?

04 우주에서도 살아남은 바퀴

　2007년에 최초로 우주에서 임신한 생물이 탄생했어. 이름은 나데즈다, 희망이라는 뜻의 암컷 바퀴벌레야.
　이 바퀴벌레는 생명과학 실험을 위해 만들어진 무인 캡슐에 실려 우주 공간에서 12일을 보내는 중 임신에 성공했어. 당시 우주여행을 보낸 바퀴벌레는 총 60마리였는데, 이 중 절반과 함께 타고 간 달팽이, 누에, 물고기, 박테리아는 모두 죽었어. 그러니까 살아남은 바퀴벌레는 무중력 상태의 스트레스와 급격한 온도 변화까지 모두 이겨낸 거야. 그 와중에 나데즈다는 임신까지 했으니 정말 놀랍지?

과학자들은 출발과 도착할 때의 가속도, 무중력 상태, 온도 변화 같은 엄청난 스트레스를 받으면서도 임신에 성공한 바퀴벌레의 생존력에 혀를 내둘렀어.

현재 나데즈다의 새끼들은 러시아 보로네슈의 연구소에서 보살핌을 받으며 자라고 있어. 우주 바퀴벌레가 낳은 바퀴벌레를 연구하고 있는 셈이지. 우주 바퀴벌레 연구가 잘 이루어지면 인간이 우주 생활을 하는데 중요한 정보를 얻을 수 있을 거라는 기대도 하고 있단다.

살아 있는 화석, 바퀴벌레

바퀴벌레의 정확한 이름은 '바퀴'야. 수레바퀴처럼 잘 기어 다닌다고 붙여진 이름이지. 이름처럼 1초에 1미터를 기어간다니 정말 빠르지?

바퀴벌레는 약 4억 전에 태어나서 지금까지 살고 있어. 함께 살았던 공룡이 멸종한 환경 변화도 바퀴벌레는 꿋꿋하게 이겨 낸 거야. 바퀴벌레는 덩치가 작아서 조금만 먹어도 살아남는데 문제가 없고, 강추위가 몰아닥치면 겨울잠을 자. 그만큼 놀라운 적응력을 지닌 생물이야. 추운 빙하기의 굶주림을 견디지 못한 덩치 큰 공룡과는 정반대인 셈이지.

적응력과 생존력에는 따라올 상대가 없을 만큼 바퀴벌레는 상상력을 초월하는 생존력과 번식력을 갖고 있어. 암컷은 수컷에게 받은 세포로 일생 동안 20~30번이나 알을 낳아. 그만큼 빨리 수가 불어나는 것이지.

뿐만 아니라 암컷은 항상 알집을 갖고 다니다가 위험에 처하게 되면 알집을 떨어뜨려. 자신은 죽어도 자손을 번식시키는 거야.

게다가 바퀴벌레는 4억 년 전이나 지금이나 모습이 거의 변하지 않았어. 그야말로 살아있는 화석이라고 할 정도로 그 모습 그대로를 몇 억년 동안 고스란히 간직하고 있는 거야.

바퀴벌레는 태어날 때부터 매우 강인한 생명력과 적응력을 갖고 태어나. 바퀴벌레는 발달된 큰 턱으로 아무거나 잘 먹어. 음식물 쓰레기는 기본이고, 동물의 사체, 오물, 종이, 가죽, 머리카락, 비누, 치약, 본드, 손톱, 콘크리트, 플라스틱, 스티로폼, 섬유 등 정말 못 먹는 게 없어. 먹은 음식을 한꺼번에 소화시킬 수 있는 튼튼한 위장과 복합 소화효소까지 갖고 있어서 소화도 문제없고. 이처럼 생물이 살아남는데 제일 중요한 먹이 걱정을 하지 않아도 되기 때문에 바퀴벌레의 생존력은 단연 높을 수밖에 없지.

또한 바퀴벌레는 특별한 능력을 많이 갖고 있어. 우선, 자기 몸길이보다 몇 천 배 높은 곳에서 떨어져도 안전하게 착지할 수 있어. 곤충보다 10배 이상 발달된 다리 갈퀴로는 스파이더맨처럼 기어갈 수 있고, 걸음도 빨라서 천적이 나타나도 금방 숨어버릴 수 있지.

그런데 바퀴벌레는 눈이 퇴화되어서 볼 수는 없어. 모든 상황은 더듬이를 움직여서 판단해야 해. 그렇지만 문제될 게 거의 없어. 1초에 25번이나 방향을 바꿀 수 있을 정도로 신경 전달 속도가 무척 빨라. 그래서 장애물도 문제없이 요리조리 피할 수 있는 거야. 또 바퀴벌레는 인간보다 125배나 냄새를 잘 맡을 수 있을 정도로 후각도 매우 뛰어나.

게다가 바퀴벌레는 독한 살충제를 뿌려도 버틸 수 있어. 머리가 잘려도 8일 동안 살 수 있고, 물만 먹고도 20일은 버틸 수 있고 말이야. 냉동실에 넣어 놓아도 3일간은 끄떡없지. 정말 엄청나지? 이처럼 바퀴벌레는 어떤 환경 조건도 이겨낼 수 있는 생존력이 매우 뛰어난 곤충이야. 한 쌍의 바퀴벌레가 1년이 지나면 1억 마리까지 불어난다니 정말 지구가 멸망해도 살아남을 유일한 생명체라는 걸 증명하는구나. 부럽기도 하고 징그럽기도 하고.

자연의 분해자, 산바퀴

지저분한 곤충하면 어떤 게 떠오르니? 그래, 파리와 모기가 있어. 맞아, 개미도 여기에 해당하겠구나. 이 중에서 가장 싫어하는 걸 꼽으라면? 역시 바퀴벌레를 꼽는구나. 그럴 수밖에 없는 것이 바퀴벌레는 생김새도 그렇지만 음식점이나 가정집에 살면서 온몸에 오염 물질을 묻힌 채 음식물이고 뭐고 온갖 곳을 마구 기어 다니며 병균을 옮겨. 어휴, 생각만 해도 끔찍하다!

그러나 산과 들에서만 사는 산바퀴는 같은 바퀴벌레라도 음식점이나 집에서 볼 수 있는 바퀴, 집바퀴, 이질바퀴, 먹바퀴 같은 더러운 해충과는 달라. 집바퀴처럼 피해를 주기는커녕 오히려 도움을 주지.

산과 들에 사는 산바퀴는 죽은 동물의 사체와 쓰러진 나무를 분해시켜. 이렇게 산바퀴가 나무를 분해하면 미생물이 잘게 부셔 흙으로 바뀌게 되는 거야. 즉, 산바퀴는 나무와 낙엽을 분해시켜서 흙으로 바뀌는 걸 돕는 분해자 역할을 해.

산바퀴처럼 분해자 역할을 하는 곤충들은 많이 있어. 흰개미는 산바퀴처럼 죽은 나무와 풀을 흙으로 바꿔 줘. 송장벌레, 반날개, 파리 등은 배설물과 동물의 사체를 분해시키는 역할을 하지.

모든 생물은 죽으면 흙으로 돌아가. 하지만 이들 분해자가 없으면 불가능했을 거야. 죽은 것들이 흙이 되어 자연으로 돌아가야 풀과 나무도 자랄 수 있어. 그래야 동물과 곤충도 살 수 있지. 물론 인간도 마찬가지고. 그러니 우리 산바퀴를 만나면 고맙다고 인사하자.

 이건 알고 있니?

바퀴벌레도 학습을 해?

바퀴벌레는 엄청난 생존 능력을 가졌어. 심지어 방사능조차 견딜 수 있는데, 일본 히로시마에 원자폭탄이 떨어졌을 때 바퀴벌레는 아무런 피해를 입지 않았다고 해. 또한 바퀴벌레는 체온

을 스스로 잘 조절할 수 있어서 추위에도 끄떡없어. 그러나 100도 이상의 뜨거운 불에서는 견딜 수 없단다.

그런데 재미있는 것은 바퀴벌레는 위험에 처하면 아이큐가 350까지 올라가. 그리고 학습 능력도 갖추고 있단다.

실제로 이 능력을 알아보기 위해 실험을 해 봤어. 바닐라향을 좋아하는 바퀴벌레에게 박하향 설탕물과 바닐라향 소금물을 동시에 주고 어디로 모이는지 알아보는 실험이었지. 그런데 놀랍게도 바퀴벌레들은 박하향이 나는 설탕물에 몰렸어. 바닐라향을 좋아하기는 하지만, 소금물보다는 설탕물을 좋아하니, 박하향도 거리낌 없이 선택한 것이지. 대뇌의 학습에 의해 일어나는 조건 반사가 바퀴벌레에서도 가능했던 거야.

이 실험을 통해 바퀴벌레의 뇌를 잘 연구하면 인간이 학습할 때 뇌에서 어떤 일이 벌어지는지 더 잘 이해할 수 있을 거라 기대하고 있단다.

05 곤충으로 만든 다양한 음식

"자, 파이 먹자!"
"와 파이다! 에? 그런데 이게 뭐예요?"
"응, 거저리. 거저리로 만든 거저리파이야."
"거저리파이?"

이름도 쌩뚱맞고 이상하지만 거저리파이는 실제로 네덜란드 요리학교에서 처음 선보였어. 말 그대로 거저리로 만든 파이지. 거저리는 등껍질이 딱딱한 딱정벌레류의 애벌레야. 세상에 벌레로 파이를 만들다니!

우리나라 사람이라면 징그럽다면서 쳐다도 안 볼 파이지만, 네덜란드 사람들은 이 거저리파이를 먹겠다고 구름떼처럼 몰려들었다는구나.

징그럽다고 인상을 찌푸리지만 우리나라에서도 메뚜기와 번데기를 먹고 있어. 일본에서는 매달 곤충 요리 시식 대회가 열려. 중국에서는 곤충으로 만든 막대 사탕, 두부, 국수, 초밥까지 등장했어. 베트남과 대만에서는 메뚜기가 길거리 간식으로 인기가 높아. 이렇게 전 세계적으로 곤충 요리를 즐기는 나라는 매우 많단다. 혹시 한번 먹어 보면 정말 맛있지 않을까?

미래의 식량, 곤충

요즘 곤충은 매우 중요한 미래의 식량으로 떠오르고 있어. 농수산물을 비롯한 세계 식료품 가격이 계속 오르고 있기 때문이지. 최근 구제역과 조류독감으로 가축이 전부 죽어나가면서 식량 문제는 점점 더 심각해지고 있어. 유엔 식량 농업 기구가 지구촌 사람들의 식량난을 경고하고 있을 정도로 매우 심각한 수준이란다.

그러나 지금도 쇠고기와 돼지고기 소비량은 해마다 늘고 있어. 2050년이면 지금 소비량의 두 배가 될 거라고 하니 식량난은 점점 더 심각해질 거야. 지금도 세계 곳곳에서는 식량 부족으로 굶어 죽는 사람이 많아.

　그렇다면 우리는 뭘 먹고 살아야 할까? 그 대안으로 떠오르고 있는 것이 바로 곤충이야. 곤충을 먹는다니까 어리둥절한 표정이구나. 하긴 꼬물대는 징그러운 벌레를 먹는다고 생각하면 끔찍하지? 그래도 용기를 내야만 해. 곤충을 먹고 살아야 할 날이 점점 다가오고 있거든.

환경을 지켜 주는 생물

곤충이 징그러운 건 분명하지만 단백질 함량이 쇠고기보다도 높을 정도로 영양학적으로는 매우 훌륭한 식품이야. 고기를 못 먹던 옛날에 번데기와 메뚜기를 먹었던 건 정말 지혜로운 생각이었어. 징그럽다는 편견만 없애면 영양가 높은 곤충은 아주 좋은 음식이 될 수 있어. 이미 전 세계 90여 개 국가에서는 1,400여 종이나 되는 곤충을 먹고 있단다.

미래의 곤충 농장

우리나라의 곤충 농장에는 장수풍뎅이와 사슴벌레를 가장 많이 사육하고 있어. 강아지나 고양이처럼 애완용으로 기르는 곤충이 인기를 끌면서 곤충 농장도 덩달아 인기를 얻고 있는 거야.

지금 곤충 농장에서는 주로 애완용 곤충을 기르지만, 미래에는 식량 곤충을 더 많이 기를 거라고 봐. 갈수록 식량에 대한 중요성이 커지면서 가축 대신 먹을 수 있는 식량 곤충을 기르는 것이지. 거저리, 메뚜기, 누에 등이 대표적 식량 곤충으로 꼽혀. 곤충을 식량으로 기르게 되면 식량 확보 뿐 아니라 이런저런 장점이 많아.

　가축 대신 곤충을 사육하면 온실가스 발생도 줄여서 환경오염도 줄일 수 있어. 곤충을 기르는데 필요한 사료도 인간이 먹는 식료품과 겹치지 않아서 매우 유리하지. 곤충은 친환경 식량으로도 전망이 아주 밝아. 과학자들은 식량난이 더 심각해질수록 곤충을 먹게 될 날이 더 빨리 올 거라고 예상하고 있단다.

곤충은 주목 받는 생물자원

곤충 중에는 작물에 피해를 주는 해충도 있지만, 오래전부터 매우 유익한 곤충도 많아. 꿀벌은 벌꿀, 프로폴리스, 로열젤리를 주었고, 누에는 명주실을 뽑아 비단을 만들 수 있게 해 주었어. 그리고 지금은 한걸음 더 나아가 곤충을 아예 자원으로 활용하려는 움직임이 활발해.

특히 친환경 농법이 주목 받으면서 곤충이 더 중요해졌어. 친환경 농법은 농약이나 살충제를 뿌리지 않고 자연을 있는 그대로 활용하는 농사법이야. 이때 가장 골칫거리가 해충인데, 이 해충들을 자연계의 천적인 곤충을 이용하여 제거하는 거야. 이렇게 자연 천적을 사육해서 활용하면 땅도, 생명도 다 살릴 수 있는 유기 농작물을 기를 수 있어.

요즘엔 지저분하다며 질색하던 똥파리까지 유용하게 활용해. 똥에 잘 모이는 금파리, 쉬파리 등의 파리를 모두 통틀어 똥파리라고 하는데, 최근에 이들 똥파리로 살인 사건을 해결하기도 한단다. 시체에 모여든 파리를 연구하면 사망 시간을 정확히 추정할 수 있거든. 그 예로, 금파리는 두 시간 만에 시체를 찾아서 알을 낳아. 부화된 애벌레는 구더기가 되어 시체를 먹으면서 성장하지. 그러니 시체에 모인 금파리의 성장 단계를 보면 정확한

사망 시간을 알 수 있는 것이지. 또한 곤충은 신약 개발에도 도움이 되고 있어. 『동의보감』에도 95종의 곤충을 민간 약재로 사용했다는 기록이 있단다.

  곤충의 뛰어난 감각 기능, 신체 구조, 행동 습성은 무궁무진한 자원이야. 그래서 선진국들은 곤충 산업을 육성하려고 벌써부터 힘을 쏟고 있어. 물론 우리나라도 최선을 다하고 있지. 다채로운 곤충에게 숨겨진 신비로운 보물을 우리도 한번 찾아볼까?

 이건 알고 있니?

미래의 희망이 된 구더기

　더운 여름날 재래식 화장실이나 음식물 쓰레기에서 하얗게 꼬여 있는 구더기를 본 적 있니? 꼬물꼬물 보기만 해도 정말 징그러워.

　구더기는 파리류의 애벌레야. 그런데 최근 재래식 화장실, 가축 분뇨, 썩은 음식물 등에서 먹이를 찾는 동애등에 애벌레인 구더기가 매우 유용하다는 것이 밝혀졌어. 즉, 동애등에 애벌레가 음식물 쓰레기와 축산 분뇨를 냄새 없이 잘 분해시켜서 좋은 퇴비를 만든다는 거야.

　그러나 다 자란 어른 동애등에는 분해 능력이 없어. 음식물 쓰레기 10킬로그램에 동애등에 애벌레 5천 마리를 넣으면 5일 만에 모두 냄새 없이 퇴비로 바뀐다고 해.

　또 동애등에 애벌레는 동물과 어류의 사료, 낚시 미끼로도 활용되고 있어.

　이처럼 동애등에는 더럽고 쓸모없던 곤충에서 환경을 지키는 환경 정화 곤충으로 새롭게 주목 받고 있어.